MDMA
Der Grüne Zweig 103

Neuauflage 1997
Herausgeber: Dipl. Psych. Constanze Weigle und Ronald Rippchen.
Mitarbeiter dieser Ausgabe: Dr. Peter Hess, Dr. Christian Rätsch, Claudia Müller-Ebeling, Alexander T. Shulgin, Dr. Samuel Widmer, Achmed und Konnie Khammas, Bert Marco Schuldes, Nicholas Saunders, Ann Shulgin.
Übersetzer: Dave Peabody, Ronald Rippchen, Bert Marco Schuldes.

Illustrationen: Seite 14 – Journal of Psychoactive Drugs, Seite 29 – Marc Franklin.
Umschlaggestaltung: Walter Hartmann.
Satz: Petra Petzold, Heidelberg.
Buchgestaltung: Petra Petzold und Werner Pieper.
Druck: Fuldaer Verlagsanstalt

Werner Pieper's MedienXperimente, D-69488 Löhrbach

Teile dieses Buches sind aus der Vorgänger-Broschüre
MDMA – Die neue Sympathiedroge aus dem Jahr 1986 übernommen worden.

ISBN 3-925817-03-4

MDMA

Die psychoaktive Substanz für Therapie, Ritual und Rekreation

Herausgeber:
Dipl. Psych. Constanze Weigle
und Ronald Rippchen

DER GRÜNE ZWEIG 103

»MDMA macht's Härz uf«
Vorwort zur 4. erweiterten Auflage

MDMA ist eine bislang relativ geschichtslose Substanz. So mag es nicht verwundern, daß es zwei Jahre nach der ersten Überarbeitung dieses Büchleins schon wieder Neues zu berichten gibt.

Erfolglos blieben leider die Nachforschungen beim Entwickler und ursprünglichen Patentinhaber, der Firma Merck. Gefragt, ob es denn keinerlei Forschungsberichte aus der Gründerzeit 1912–1914 gäbe, bekam ich von der Pressestelle die Auskunft, daß Merck die Substanz nie hergestellt, sondern nur habe patentieren lassen. Folglich gäbe es keinerlei Hinweise über Versuche etc. So die Merck-würdige Wahrheit. Kaum zu glauben für einen Laien.

So bleiben uns nur Spekulationen über mögliche Schäden, vor allem über längere Zeit. Abgeraten werden sollte auf jeden Fall vor häufiger Einnahme – zum einen sinkt die Toleranzdosis, zum anderen geht's an die Leber.

In England ist es inzwischen auch wiederholt zu Todesfällen unter MDMA-Einfluß gekommen, wenngleich die Todesursache in den meisten Fällen a) eine Vermischung mit anderen Substanzen, meist zu viel Alkohol, und, vor allem b) Herzschlag wegen einer Dehydrierung war.

MDMA wird zunehmend weltweit von der Rave- und Tekkno-Szene zum Tanzen genutzt. Wer jedoch die ganze Nacht in rauchigen Räumen tanzt, ohne für genügend Flüssigkeitsnachschub zu sorgen, gefährdet seine Gesundheit extrem. Da Leute unter MDMA-Einfluß keinen Bock auf Alkohol haben und die Saftpreise in Discotheken entsprechend erhöht wurden, ließ der Getränkeumsatz in einem solchen Maße nach, daß in vielen Tanzlokalen die Wasserhähne auf den Toiletten abgestellt wurden, damit die Raver nicht dort – geschäftsschädigend – ihren Durst löschen. So können tragische Todesfälle leider nicht überraschen. Mehr dazu im Anhang.

Die Tekkno-Szene ist ein inzwischen weltweites Phänomen. Mit ihr haben der LSD- und MDMA-Konsum erheblich zugenommen, manche reden gar von einem Revival der 60er Jahre. Entsprechend negativ reagiert die deutsche Presse von *Bravo* (»Erst putscht sie auf, dann tötet sie, die Disco-Droge Ecstasy. Das Sterben ist langsam und qualvoll«) bis zur *Frankfurter Allgemeinen Zeitung* (»Beim Absetzen kommt es zu schweren Zuständen von Angst, Aggressivität und Verwirrtheit … Dieser Stoff wird deshalb von Heroinkonsumenten bevorzugt«). Da fragt man sich, handelt es sich hier um törichten Journalismus oder gezielte Fehlpropaganda?

Ehrlicher ist da schon die *Schweizer Weltwoche:* »Niemand weiß, was Ecstasy ist; die Polizei scheint überfordert, Party-Organisatoren greifen zur Selbsthilfe. Doch der Siegeszug von Ecstasy ist unaufhaltsam. In London tanzen sich an Parties mehrere tausend mit Ecstasy den Wochenfrust vom Leib, auf Ibiza zählt die Polizei die konfiszierte Ware nicht mehr nach Pillen, sondern nach Kilos. Und in der Schweiz herrscht am Wochenende ein veritabler Ecstasy-Tourismus: Die Ostschweiz fährt nach Zürich, der

Aargau nach Basel, die Innerschweiz nach Bern und die Westschweiz nach Montreux.« Dabei gibt es gerade in der Schweiz doch die Psycholyten, die zeitweilig legal mit MDMA Therapien durchführten und wohl wieder durchführen werden. Von einem Arzt dieser Vereinigung, Peter Baumann, stammt übrigens das Zitat, welches wir diesem Vorwort als Überschrift vorangestellt haben.

Auch in der BRD spürt man ein erweitertes, nein, nicht Bewußtsein, aber Interesse an Psychedelika. So berichtet Mathias Bröckers in der *taz* über die Herbsttagung 1992 des ECBS (Europäisches Collegium für Bewußtseinsstudien) in Göttingen, an der 72 Wissenschaftler aus 17 Ländern vor gut 500 Interessierten referierten:

»Ein Vierteljahrhundert nach dem ›Summer of Love‹ erlebt die Psychedelik in Kunst, Musik und Jugendkultur ein unübersehbares Comeback – in den Teccno-Discos geht es nicht um Musik, sondern um veränderte Bewußtseinszustände, es handelt sich nicht um einen modernistischen Wahn, sondern letztlich um die Anknüpfung an uralte Techniken der Trance, des Rauschs und der Ekstase. Schon immer wurden diese Techniken auch als hedonistischer Party-Spaß genutzt (und von puritanischen Fundamentalisten bekämpft), ihre eigentliche Bedeutung aber haben sie als Weg der Erkenntnisvermittlung.«

Die beste Meldung zum Thema MDMA kam 1992 allerdings ausnahmesweise aus den USA. Am 4. November entschied die für Drogen zuständige Behörde, das FDA, erstmals seit den 60er Jahren, daß die Wirkungen einer illegalen Substanz (in diesem Falle MDMA) auf Menschen wissenschaftlich erforscht werden darf. Dabei wird es sich um die ersten legalen Menschenversuche mit MDMA überhaupt handeln, so Rick Doblin von der Multidisciplinary Association for Psychedelic Studies, MAPS, in deren Journal man sich regelmäßig über den neuesten Stand der Psychedelicforschung auf der Welt informieren kann (MAPS, 1801 Tippah Ave., Charlotte, NC 28205, USA – 30 US-Dollar).

Vorversuche unter der Leitung von Dr. Charles Grob an der UC Irvine laufen an, und wenn alles gut geht, wird man in ca. einem Jahr mit der MDMA-Arbeit mit todkranken Krebspatienten anfangen können.

Das zum Stand der Dinge Ende 1992.

Erwähnenswert finde ich noch die Forderung des Privatpsychonauten Micky Remann, der in der *taz* den Vorschlag zur Einführung eines »Drogenführerscheins« gemacht hat. Immerhin will das Führen eines »psychedelischen Innenweltfahrzeugs« gelernt sein.

In diesem Sinne, gute Fahrt

Werner Pieper
Verleger
Madeira, Dezember 1992

Inhalt

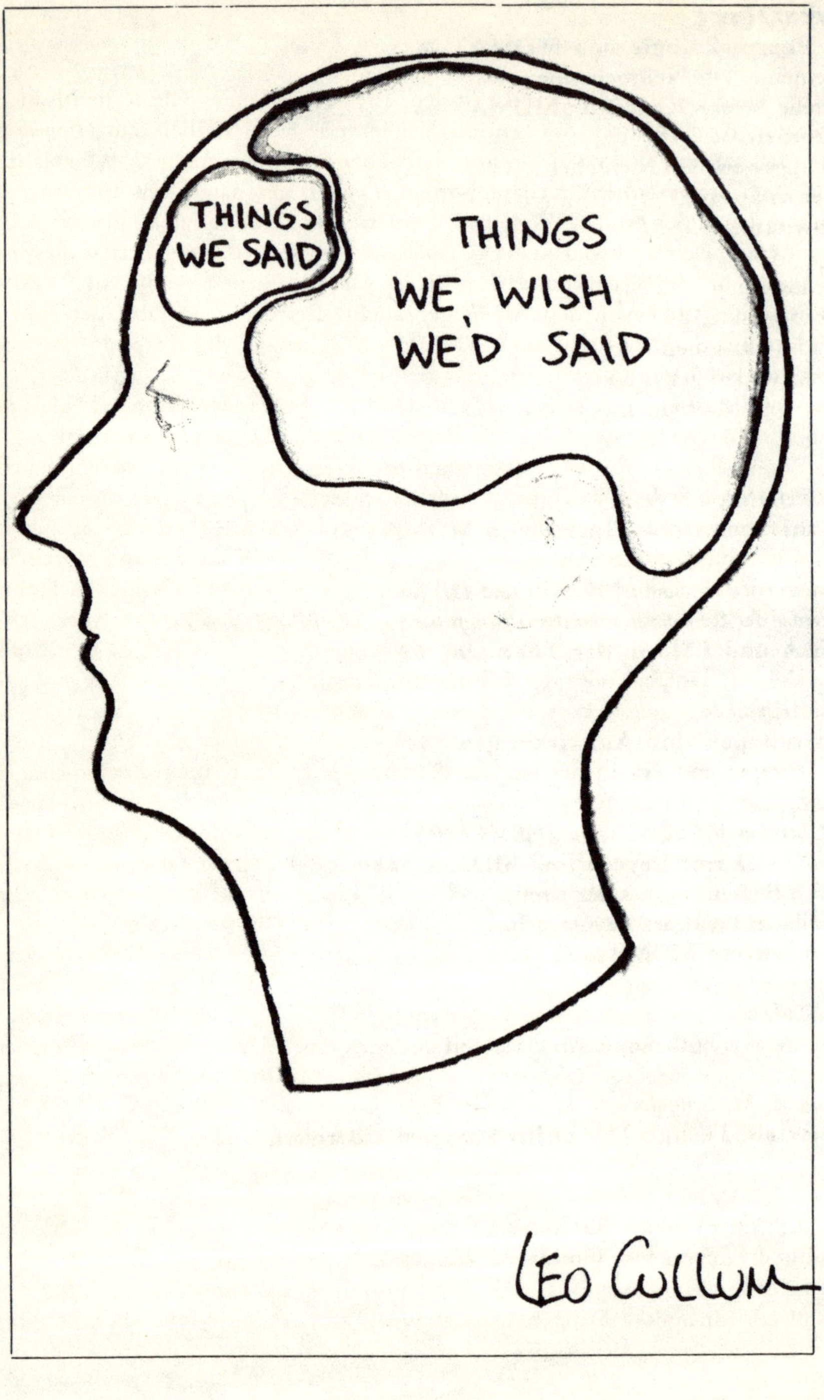
THINGS WE SAID
THINGS WE WISH WE'D SAID
LEO CULLUM

Vorwort

Daß Menschen Gefallen an Drogen finden, ist nichts Neues. Schon die Neandertaler kannten vor 65.000 Jahren das zentralstimulierende Meerträubelkraut *(Ephedra)*. Die Indianer des Südwestens von Nordamerika haben schon vor mehr als 9.000 Jahren den Genuß der halluzinogenen Stechapfelsamen *(Datura)* geschätzt. Seit mindestens 6.000 Jahren werden in den Anden anregende Coca-Blätter *(Erythroxylum)* gekaut. Dem Genuß von Haschisch und Marijuana *(Cannabis)* wird seit 10.000 Jahren zugesprochen. Stark berauschende Bilsenkrautsamen *(Hyoscyamus)* wurden schon vor 9.000 Jahren bei Bestattungsritualen in den Alpen gebraucht. Bei den Ausgrabungen von Pfahlbaudörfern am Bodensee wurden 6.000 Jahre alte geritzte Mohnkapseln *(Papaver somniferum)*, die der Opiumgewinnung dienten, gefunden.

Diese Aufzählung ließe sich noch weiterführen. Aber es ist schon jetzt klar: der Gebrauch von Drogen ist so alt wie die Kultur. Manche Drogenforscher nehmen sogar an, daß die Kultur, und mehr noch: sogar die Religion, lediglich aus den psychedelischen Trips unserer Vorfahren resultieren. Wie dem auch sei, es gab immer solche, die für die Drogen waren, es gab aber auch schon immer solche, die etwas dagegen hatten. Dabei waren die Menschen, die gute Trips, wundervolle Visionen und mystische Einweihungen erleben durften, naturgemäß *für* den Gebrauch von Drogen, während die, welche schlechte oder gar keine Trips erlebten, etwas dagegen hatten. Aber was hatten sie dagegen? Noch heute fragt man sich, was eigentlich der Polizist auf der Straße, das Muttchen von nebenan oder der Schmierenjournalist dagegen haben. Wer weiß denn etwas über die Drogenerlebnisse anderer zu berichten, wer darf sich anmaßen, darüber zu urteilen?

Bei uns in Europa, in der auf dem römischen Mist erbauten Zivilisation, ist die nachweislich gefährlichste Droge erlaubt: der gehirnzerstörende Alkohol. Ja, der Genuß oder besser: der Mißbrauch selbiger wird sogar gefördert, denn der Fiskus labt sich an den Steuern. Mit diesen Alkoholsteuergeldern werden das nicht unumstrittene Militär erhalten, noch wahnsinnigere Waffen gebaut und staatlicher Druck ausgeübt. Die ängstlichen Leute dürfen sich dann wieder mit Alkohol zuschütten.

Bei uns scheint jeder seine Erfahrungen mit Alkohol gemacht zu haben. Schon im Kindesalter darf der niedliche Enkel am Likörgläschen von Oma naschen. Die kleinen Schreihälse kriegen einen Schuß Rotwein oder Bier, damit die Eltern in Ruhe vorm Fernseher weitersaufen können. In öffentlichen Saufanstalten bekommen schon die Teens alles, was sie brauchen, um am nächsten Tag mit dem erlebten *Black out* zu protzen.

Aber immer noch spukt in den meisten alkoholerfahrenen Köpfen der Suff bzw. die Alkoholintoxikation als kognitives Modell zur Beurteilung aller anderen Drogen und Drogenräusche herum. Die meisten Menschen glauben, daß »Drogen« – welche der vielen unterschiedlichen Substanzen auch gemeint sein mag – so ähnlich wie Alkohol wirken, nur noch schlimmer. Es ist wirklich betrüblich, daß das Suff-Modell der Einstiegsdroge Nummer Eins, nämlich Alkohol, im privaten und öffentlichen Leben als Maßstab für andere Drogen benutzt wird. Das erstaunlichste aber: es gibt keine andere Droge, die *so wie* Alkohol wirkt. Alkohol ist ein Unikat, aber kein Prototyp. Wer nur die Rausch- und Suchtdroge Alkohol kennt, sollte lieber schweigen, wenn es um andere Drogen geht. Denn wer kann schon ein fremdes Land erleben und beschreiben, der niemals dort war?

Wer nie MDMA genommen hat, kann es sich einfach nicht vorstellen, wie es wirkt. Er kann es somit auch nicht *be*urteilen, d. h. auch nicht *ver*urteilen. Und wer glaubt, Drogen seien an sich gefährlich, der täuscht sich. Wer nicht mit den Dingen umgehen kann, der sollte lieber die Finger davon lassen. Wer aber mit MDMA umgehen möchte, der sollte dieses Büchlein studieren und beherzigen. Denn wenn MDMA richtig angewandt wird, kann es den Menschen wunderbare, heilsame Erfahrungen ermöglichen. MDMA ist ein Lehrer; aber auch der beste Lehrer kann mißverstanden werden.

Es wird viel vom psychotherapeutischen Nutzen des MDMA gesprochen – als sei dies die einzige Legitimation für den Gebrauch. Natürlich soll Menschen mit Problemen geholfen werden, aber auch die Gesunden müssen weiterkommen.

Christian Rätsch

Einleitung zur 3. verbesserten Auflage

»Der Gebrauch von Drogen zur Bewußtseinsveränderung ist nichts Neues. Er war überall und zu allen Zeiten ein wichtiger Bestandteil des menschlichen Lebens ... Die Allgegenwart des Gebrauchs von Drogen ist so auffallend, daß darin ein menschliches Grundbedürfnis zum Ausdruck kommen muß.« (WEIL, 1974, S. 18).

»In den alten Religionen und Kulturen der Naturvölker gehören Drogen zu den Sakramenten. Sie werden in speziellen Ritualen eingenommen, um sozialtherapeutisch wirksam zu werden, die Gemeinschaft im Kreis zu verbinden, um mystisches Erleben zu ermöglichen und um Heilung und Kreativität zu fördern.« (HÖHLE, 1986, S. 14)

Diese beiden Zitate möchte ich diesem Buch voranstellen, denn sie zeigen wichtige Punkte auf, die meiner Meinung nach heutzutage in der öffentlichen Diskussion oft nicht berücksichtigt werden. Erstens gab es schon immer solche Substanzen, die Menschen verwendet haben, um andere Dimensionen des Lebens zu entdecken; zweitens muß es keine zwingend logische Konsequenz sein, durch Verwendung einer Droge auch von ihr abhängig zu werden. Zahlreiche Beispiele über Verwendung und Zweck von Drogen in früheren Kulturen finden wir z. B. in SCHULTES & HOFMANN, *Pflanzen der Götter* (1987). Schon immer gab es Menschen, die sich von diesen Substanzen angezogen fühlten und sich auch bemüht haben, ernsthaft darüber zu forschen und herauszufinden, wofür sie uns nützen können und wie wir sie sinnvoll anwenden können. Bei der Untersuchung des verschiedenen Gebrauchs von Drogen zeigt sich, daß es entscheidend darauf ankommt, welche Einstellung jeweilige Gesellschaften gegenüber Drogen haben, zu welchem Zweck und in welchem Rahmen sie eingesetzt werden und wie die Erfahrung hinterher bewertet wird. »Der richtige, d.h. rituelle Umgang, den traditionelle Kulturen entwickelten, ermöglicht die Integration der Drogenerfahrung in die Alltagswahrnehmung. Nicht die Flucht aus der Wirklichkeit wird erlebt; im Gegenteil: Der Gebrauch der Droge kann neue Perspektiven für Regeln und Normen eröffnen und intensive Erkenntnisse über den Sinn des Lebens vermitteln.« (HÖHLE, 1986, S. 18).

Mein Anliegen bei der Überarbeitung der Broschüre war es, die wissenschaftlichen und therapeutischen Ergebnisse weiterzugeben, auch an den Kreis, der sich normalerweise nicht so sehr dafür interessiert. Denn: eine naive Einnahme dieser Substanz kann meiner Meinung nach mehr schaden als nützen, auch wenn es einen momentan nicht so vorkommt und es andere Meinungen gibt.

Damit MDMA sein gesamtes positives Potential entfalten kann, gehört es in die Hände von Fachleuten, die dafür ausgebildet sind! Ich distanziere mich von allen gegenteiligen Auffassungen, die teilweise auch hier in diesem Buch vertreten sind.

Constanze Weigle

Ich fahr' dahin...

Ich fahr' dahin, der Zug ist überfüllt, die Klimaanlage ausgefallen. Reservierte suchen ihre Sitze, Alte schimpfen auf Junge, der Schaffner im Stau, der IC hat allemal Verspätung. Kurz: der Streß schlägt waggonweise erbarmungslos zu. Und keiner mag mehr seinen Nächsten, jeder lechzt nach einem coolen Platz. Ohne Chancen.

Ist es Frechheit, die siegt? Plötzlich sitze ich allein in einem Viererabteil, hab ein Tischchen für die Tippmaschine, schließe die Augen und stelle mir vor, dieser Zug würde MDMA im Bistro führen. Das ganze Gerangel würde friedlicher ablaufen. Gegenseitiges Verständnis wäre die Regel. Und wenn dann die Sitzplätze mal nicht ausreichen würden, na, dann würde man halt einen sympathischen Schoß als Sitz angeboten bekommen... Ende des Traums, zurück ins Hier & Jetzt.

Als ich und ein Teil meines Freundeskreises 1985 zum erstenmal mit MDMA Bekanntschaft machten, war die Begeisterung groß, aber es fehlten jegliche Informationen über diese Freundschafts-Substanz. Also bastelte ich auf die Schnelle eine Broschüre, den Vorgänger dieses Buches.

Kurz drauf trat der Boom ein, sowohl auf therapeutischer wie auch freigeistiger Ebene. Entsprechend war die Nachfrage nach der Broschüre. Jeder fünfte Käufer wollte gar, gegen ein paar Mark in Briefmarken, eine Kopie der Chemie dieser Substanz. Leider mußte der Verlag diesen Service schon bald stoppen, da der Deutsche Bundestag MDMA zum 1. August 1986 zu einer illegalen Substanz erklärte und es strafrechtlich mit Heroin gleichsetzte. Mehr dazu ein paar Seiten weiter...

Die Broschüre ist seit einiger Zeit vergriffen und der Verleger weigerte sich, sie in ihrer ursprünglichen Form noch einmal neu aufzulegen, obschon das Interesse nicht mehr nachgelassen hat. »Überarbeiten!« gab er mir als Hausaufgabe auf. Nun bin ich ein grundfauler Mensch, und mich nach Jahren noch einmal mit einem Thema zu befassen, das ich, zumindest in der Theorie, für mich abgehakt habe, bedeutet eindeutig Arbeit. Bevor mir jedoch Schweißperlen die Stirn bevölkerten, sandte uns der Große Psychedelische Geist (der ziemlich sicher multigeschlechtlich ist) meine Rettung in Gestalt von Dipl. Psych. Constanze Weigle. Sie hat ihre Diplomarbeit über das Thema »Zum Suchtpotential des Entaktogens MDMA« geschrieben und erklärte sich sofort bereit, mir die Arbeit abzunehmen. Das Ergebnis liegt hiermit vor.

Seriöser ist es geworden, da in der Zwischenzeit verstärkt entsprechende Forschung betrieben worden ist. Dr. Peter Heß, der schon in der Broschüre mit Beiträgen vertreten war, hat diese für die Neuauflage gründlich überarbeitet. Als ich mich während der GAIA-Tagung im Schwarzwald mit Constanze Weigle zu einer Redaktionssitzung traf, erklärten sich die anwesenden Christian Rätsch und Claudia Müller-Ebeling spontan dazu bereit, uns einen Beitrag über Kreisrituale beizusteuern. Wer Christian oder seine Bücher (*Pflanzen der Liebe,* Hallwag Verlag; *Die Orientalischen Fröhlichkeitspillen,* Verlag für Wissenschaft und Bildung; *Gateway to Inner Space,* Prism Unity; u.v.a.m.) kennt, wird unsere Freude nachvollziehen können, als er dann noch ein Vorwort versprach. Doch bei aller Freude dämmerte mir plötzlich, daß dieses Buch nun wirklich arg seriös wird. MDMA ist mir jedoch zu lieb und wichtig, um es gänzlich den Fachleuten zu überlassen. Die Rettung kam durch Beiträge von P. J. O'Rourke, dem zynischsten aller *Rolling Stone*-Schreiber, und René Zucker, die stellvertretend für Millionen von Freigeistern hier ihre MDMA-Erlebnisse mitteilen. Schließlich fanden sich in meinem Archiv (genauer: in der Schublade »Heiter Weiter!«) einige MDMA-Infos, die ich Dir und Ihnen nicht vorenthalten möchte. Dabei versuche ich auch konkret auf die immer wiederkehrenden Fragen aus meiner Leserpost einzugehen, soweit diese nicht durch die anderen Beiträge in diesem Buch abgedeckt werden.

OK. Da haben wir also Informationen über MDMA in Bezug auf Therapie, Ritual, Familienpolitik und Parties, die Geschichte, Chemie, das Recht und die Dosierung, den Tanz des Körpers und der Hirnzellen. Und für die, die noch mehr wissen möchten, den Zugang zur totalen Bibliografie zum Thema MDMA von Alexander Shulgin. Eventuelle Überschneidungen und Wiederholungen sind durchaus Absicht.

Mein Zug überschreitet, während ich dies schreibe, eine weitere (Länder-) Grenze. Und das ist immer wieder spannend, wie das Überschreiten aller Grenzen, der inneren und der äußeren.

Auch dir gute Reisen. Der Weg ist das Ziel.

Ronald Rippchen

Allgemeine Bemerkungen zur Chemie und Pharmakologie von MDMA

An dieser Stelle wollen wir uns auf eine kurze Zusammenfassung beschränken. Wer sich mit der Materie besser auskennt, der möchte sicher ausführlichere Informationen, weshalb wir auf weiterführende Literatur hinweisen: Es gibt z. B. den Beitrag von Shulgin im *Journal of Psychoactive Drugs,* Vol. 8 (4) von 1986 oder eine Doktorarbeit von Christel Rösch von der Pharmazeutischen Fakultät der Uni Tübingen (RÖSCH, 1989).

Vorab noch eine Anmerkung: Wir dürfen nicht vergessen, daß MDMA bis auf wenige Ausnahmen illegal ist und Forschungen deshalb zur Zeit, wenn überhaupt, dann hauptsächlich bei Tieren gemacht werden. Die wenigen Ergebnisse, die uns aus Untersuchungen bei Menschen bekannt sind, werden wir natürlich weitergeben!

MDMA

Summenformel: $C_{11}H_{15}NO_2$

Chemische Bezeichnung:
N, alpha-Dimethyl-1,3-Benzodioxyl-5-Ethanamin

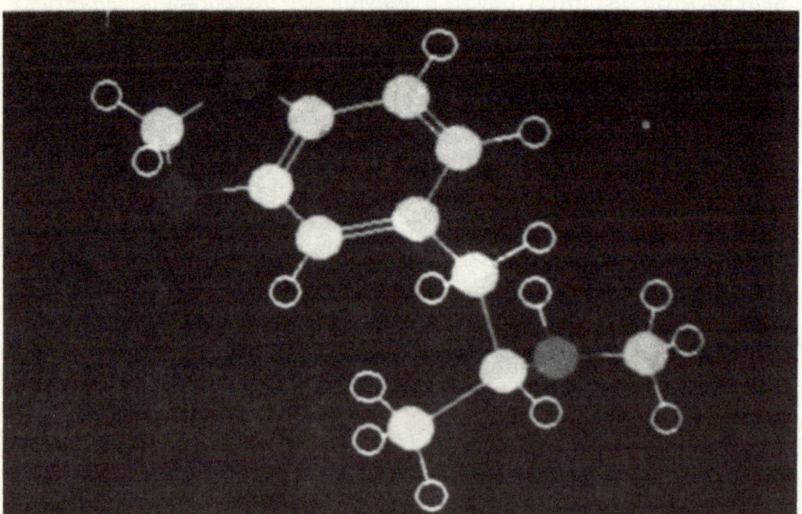

(In den meisten Publikationen wird die verkürzte Bezeichnung 3,4 Methylendioxymethamphetamin verwendet bzw. MDMA.)

MDMA ist eine synthetische Substanz, in ihrer chemischen Struktur dem Safrol und Myristicin sehr ähnlich, die auch in Pflanzen vorkommen (z. B. in Muskatnuß und Sassafras; Eisner, 1989, S. 139).

Chemisch wird MDMA einer größeren Gruppe zugeordnet, den Phenylalkylaminen. In diese Gruppe gehören z. B. auch die Amphetamine oder Methymphetamin oder auf der anderen Seite die halluzinogenen Derivate wie das DOB. Manchen ist vielleicht auch die Substanz MDA bekannt, ein Amphetaminderivat mit großer Ähnlichkeit zu MDMA bezüglich des chemischen Aufbaus, jedoch unterschiedlich in der Wirkung. MDA wird gewöhnlich zu den Halluzinogenen gerechnet. Bei MDMA treten Halluzinationen jedoch nicht oder nur in sehr geringem Umfang auf. Ebenso ist die Toxizität von MDMA geringer als die von MDA (Kovar et al., 1990).

Die Besonderheit von MDMA im Vergleich zu anderen Stoffen besteht darin, daß es ohne Wahrnehmungsverzerrungen und ohne die stark aufputschende Wirkung, die durch Amphetamine bewirkt werden, einen veränderten Bewußtseinszustand ermöglicht, der zur Selbsterfahrung genutzt werden kann.

Aufgrund dieser Eigenschaften wird MDMA einer neuen Gruppe zugeordnet, zu der noch andere Substanzen gehören, die nicht verboten, jedoch noch weniger als MDMA auf Wirksamkeit und Toxikologie untersucht sind. Diese neue Gruppe wird von verschiedenen Autoren unterschiedlich benannt. Nichols (1986) nennt sie »Entaktogene«, weil der Kontakt mit allerinnersten Gefühlen ermöglicht wird. Metzner schlägt den Namen »Empathogene« vor, weil durch Einnahme von MDMA die Kommunikationsfähigkeit verbessert wird und somit der zwischenmenschliche Kontakt wesentlich positiv beeinflußt wird. Den Begriff »Empathogene« verwenden auch Eisner und Widmer in ihren Publikationen.

Als Ergebnis von verschiedenen tierexperimentellen Untersuchungen hat sich herausgestellt, daß MDMA im Gehirn kurzfristig eine reversible Entleerung von Serotonin (einem Neurotransmitter) bewirkt, die für den psychologischen Effekt verantwortlich gemacht wird. Zusätzlich werden langfristig Serotoninspeicher zerstört. Das Ausmaß der Schädigung, d. h. ob sie sich jemals überhaupt akut bemerkbar macht, ist von verschiedenen Faktoren abhängig. Dazu gehören unter anderen: Dosierung, Häufigkeit der Einnahme, Art der Einnahme (oral ist am wenigsten schädigend), individuelle Unterschiede und bisher stattgefundene Schädigungen durch andere Substanzen. Beck berichtet von einem 31jährigen Musiker, der im Zeitraum von 11 Jahren mindestens 500mal MDMA eingenommen hat, ohne gesundheitliche Beschwerden (Beck, 1990, S. 190f). Wie es bei ihm allerdings in einigen Jahren aussehen wird, läßt sich nicht sagen. In einer Befragung der Mitglieder der Schweizerischen Ärztegesellschaft für Psycholytische Therapie hat Benz herausgefunden, daß alle Therapeuten mit einer Dosis von durchschnittlich 150 mg arbeiten, um die Gefahr einer Schädigung des Gehirns so gering wie möglich zu halten (Benz, 1989, S. 45). Eine gute Zusammenfassung über die bis jetzt gefundenen Ergebnisse zur Neurotoxikologie und Neurochemie von MDMA bietet ein Artikel von McKenna & Peroutka (1990) für alle diejenigen, die sich auf diesem Gebiet ausführlicher informieren wollen.

Constanze Weigle

AUSGEGEBEN DEN 16. MAI 1914.

KAISERLICHES PATENTAMT.

PATENTSCHRIFT

— № 274350 —

KLASSE 12q. GRUPPE 32./10

FIRMA E. MERCK IN DARMSTADT.

Verfahren zur Darstellung von Alkyloxyaryl-, Dialkyloxyaryl- und Alkylendioxyarylaminopropanen bzw. deren am Stickstoff monoalkylierten Derivaten.

Patentiert im Deutschen Reiche vom 24. Dezember 1912 ab.

In der Literatur ist die Anlagerung zweier Atome Brom an Arylpropylene der allgemeinen Formeln:

$$R \cdot CH_2 \cdot CH : CH_2$$

und

$$R \cdot CH : CH \cdot CH_3,$$

in welchen R einen ätherifizierten Arylrest

$$\left(\text{z. B.} \; - C_6H_4 \cdot OCH_3 - C_6H_3 \langle {}^{O}_{O} \rangle CH_2, - C_6H_3 \langle {}^{OCH_3}_{OCH_3} \right)$$

bedeutet, schon des öfteren beschrieben, dagegen ist die Anlagerung von Bromwasserstoffsäure an diese Doppelbindungen noch niemals durchgeführt worden. Es wurde nunmehr die unerwartete Beobachtung gemacht, daß Halogenwasserstoffsäuren unter geeigneten Bedingungen sich an die erwähnten ungesättigten Verbindungen unter Bildung der bisher unbekannten Alkyloxy-, Dialkyloxy- oder Alkylendioxyarylhalogenpropane anlagern, ohne daß die von vornherein zu befürchtende Aufspaltung der Alkyloxygruppe (n) erfolgt.

Die Anlagerung von Halogenwasserstoff erfolgt dabei so, daß das Halogen an das dem Benzolkern näher stehende Kohlenstoffatom tritt. Die Derivate des Allylbenzols, z. B. Methyleugenol, Safrol, Apiol, liefern dabei also in β-Stellung substituierte (arylierte) Isopropylhalogenide:

$$(CH_3O)_2 \cdot C_6H_3 \cdot CH_2 \cdot CH : CH_2 + HBr = (CH_3O)_2 \cdot C_6H_3 \cdot CH_2 \cdot \underset{\displaystyle Br}{\underset{\vdots}{CH}} \cdot CH_3.$$

Die Abkömmlinge des Propenylbenzols, z. B. Anethol, Isosafrol, addieren Halogenwasserstoff unter Bildung von α-substituierten (arylierten) n-Propylhalogeniden:

$$CH_3 \cdot O \cdot C_6H_4 \cdot CH : CH \cdot CH_3 + HBr = CH_3 \cdot O \cdot C_6H_4 \cdot CH(Br) \cdot CH_2 \cdot CH_3.$$

Die entstandenen Halogenwasserstoffadditionsprodukte sind schwere, schwach gefärbte Öle. Sie sind verhältnismäßig unbeständig und lassen sich, selbst im Vakuum, nicht unzersetzt destillieren. Trotzdem lassen sie sich wider Erwarten glatt mit Ammoniak und primären aliphatischen Aminen umsetzen, wobei die entsprechenden Alkyloxy-, Dialkyloxy- oder Alkylendioxyarylaminopropane bzw. deren N-Monoalkylderivate entstehen.

Diese Reaktion war um so weniger zu erwarten, als die Gefahr vorlag, daß durch Abspaltung von Halogenwasserstoffsäure ausschließlich die die ungesättigte Seitenkette enthaltenden Ausgangsstoffe zurückgebildet werden würden. Tatsächlich verläuft die

Reaktion auch teilweise in der letzten Richtung; das ist aber für das Endergebnis ohne Belang, da die zurückgewonnenen Ausgangsstoffe stets wieder in die Reaktion zurückgeführt werden können. Die durch die Umsetzung mit Ammoniak oder monoalkylierten Ammoniaken erhältlichen Alkyloxy-, Dialkyloxy- und Alkylendioxyarylaminopropane sind wichtige Zwischenprodukte zur Herstellung therapeutisch wirksamer Verbindungen.

Beispiele.

1. An geschmolzenes Anethol wird auf die im Beispiel 3 ausführlich dargelegte Weise Bromwasserstoffsäure angelagert und der rohe Bromkörper, wie dort angegeben, mit alkoholischem Ammoniak umgesetzt.

Das α · p-Methoxyphenyl-n-propylamin

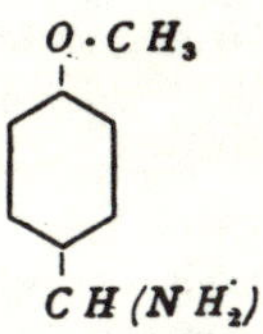

stellt ein farbloses, unter einem Druck von 7 mm bei 116 bis 117° siedendes Öl dar.

Das salzsaure Salz schmilzt bei 217°.

2. Das aus Methyleugenol auf dieselbe Weise erhaltene β-3.4-Dimethoxyphenylisopropylamin

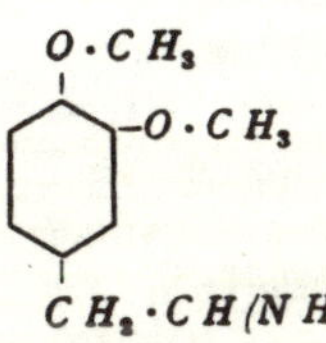

ist ein farbloses Öl vom Sdp. 141 bis 142° unter 5,5 mm Druck. Das salzsaure Salz schmilzt bei 150 bis 151°.

3. 150 g Safrol werden langsam und unter Eiskühlung in 500 ccm einer bei 0° gesättigten Lösung von Bromwasserstoffsäure in Wasser eingetragen und mehrere Stunden bei derselben Temperatur geschüttelt. Das Reaktionsprodukt wird mit Chloroform aufgenommen, diese Lösung nacheinander mit verdünnter Sodalösung und Wasser geschüttelt und mit Chlorcalcium getrocknet. Nach dem Verdampfen des Chloroforms unter vermindertem Druck bleibt das Monobromdihydrosafrol zusammen mit etwas Safrol zurück.

Das Reaktionsprodukt wird mit der vier- bis fünffachen Menge starken wässerigen Ammoniaks mehrere Stunden auf 120° erhitzt und die entstandene Base

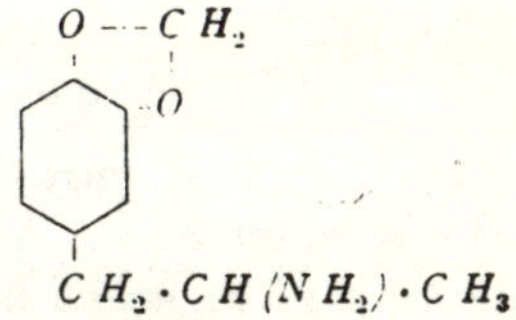

auf bekannte Weise gewonnen.

Die Verbindung stellt eine farblose Flüssigkeit dar, die unter 19 mm Druck bei 153° siedet; sie bildet ein gut und leicht kristallisierendes saures Sulfat.

Das salzsaure Salz bildet weiße Nadeln vom F. 183 bis 185°.

4. 50 g des nach der in Beispiel 3 beschriebenen Methode gewonnenen rohen Bromdihydrosafrols werden mit der fünffachen Menge starker alkoholischer Methylaminlösung 2 Stunden auf 130° erhitzt. Nach dem Entfernen der Hauptmenge des Methylamins wird der Rückstand auf bekannte Weise aufgearbeitet. Die neue sekundäre Base von der Formel:

$$CH_2 \cdot O_2 : C_6H_3 \cdot CH_2 \cdot CH(CH_3) \cdot NH \cdot CH_3$$

bildet ein farbloses Öl, das unter 20 mm Druck bei 155° siedet.

Das salzsaure Salz bildet derbe weiße Kristalle, die bei 148 bis 150° schmelzen.

5. 50 g Isosafrol werden in 100 ccm einer bei 0° gesättigten Lösung von Bromwasserstoffsäure in Eisessig langsam und unter Kühlung mit Eis eingetragen und mehrere Stunden geschüttelt. Die Aufarbeitung geschieht, wie im Beispiel 3 angegeben.

Der so erhaltene rohe Bromkörper wird mit der vier- bis fünffachen Menge gesättigten alkoholischen Ammoniaks 2 Stunden auf 100° erhitzt. Ammoniak und Alkohol werden im Vakuum entfernt und aus dem Rückstand die Base durch Zugabe von überschüssiger Lauge gewonnen.

Das α-3 · 4-Methylendioxyphenyl-n-propylamin

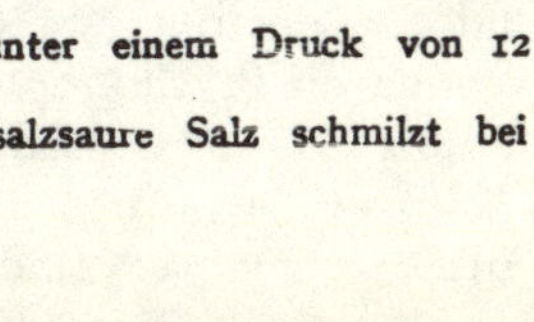

siedet unter einem Druck von 12 mm bei 141°.

Das salzsaure Salz schmilzt bei 200 bis 201°.

Rechtslage

MDMA ist seit dem 1. August 1986 in der BRD eine illegale Substanz! Das hält uns aber trotzdem nicht davon ab, eine Neuauflage der Broschüre herauszugeben; es gibt einige interessante Neuigkeiten und auch in Europa werden es immer mehr, die sich für eine Legalisierung einsetzen – und zwar nicht nur User, sondern auch Wissenschaftler, die sich ihren Ruf durch Arbeit an ganz anderen Themen verschafft haben. Das Potential von MDMA ist so groß und vielfältig; als Hilfsmittel in der Psychotherapie hat es sich oft als der einzige Weg erwiesen, einem Klienten zu helfen.

Vor einer Legalisierung muß natürlich geklärt werden, in welchem Rahmen und unter welchen Bedingungen diese Substanzen freigegeben werden, denn es bedarf auf jeden Fall einer gründlichen Ausbildung, bevor man andere Menschen bei ihren Erfahrungen unterstützen kann, so daß diese auch davon profitieren. Denn gerade weil diese Substanzen so machtvoll sind, kann man bei der Anwendung auch schwerwiegende Fehler machen.

MDMA ist in der BRD illegal, d. h. aufgrund internationaler Verpflichtungen wurde es 1986 in die Anlage I zum Betäubungsmittelgesetz (BtMG) aufgenommen. Anlage I beinhaltet nicht verkehrsfähige und nicht verschreibungsfähige Betäubungsmittel, d. h. sie sind medizinisch bedeutungslos und kommen für den legalen Betäubungsmittelverkehr nicht in Betracht. (Zum BtMG gibt es außerdem noch die Anlagen II und III für verkehrsfähige aber nicht verschreibungsfähige bzw. für verkehrsfähige und verschreibungsfähige Betäubungsmittel.)

In den späten 60er Jahren tauchte MDMA erstmals an der »Free Clinic« in Haight-Ashbury, San Francisco auf (Seymour, 1986); anderen Berichten zufolge wurde die Verwendung von MDMA erst Anfang der 70er Jahre festgestellt (Beck & Morgan, 1986). Seit diesem Zeitpunkt wurde MDMA auch als Hilfsmittel in der Psychotherapie verwandt (Downing, 1987).

Mitte der 80er Jahre wurde MDMA dann durch Mitteilungen in den amerikanischen Medien aufgrund der Diskussion über ein Verbot einem großen Personenkreis bekannt, auch unter anderen Namen wie z. B. ADAM, XTC oder ECSTASY. Als Folge einer formalen Ankündigung der Drug Enforcement Administration (DEA) im Jahr 1984, daß MDMA in das amerikanische Betäubungsmittelgesetz aufgenommen werden soll, protestierten einige Psychotherapeuten, Ärzte und Forscher, die mit der Substanz gearbeitet hatten. Für 1985 wurden dann vom DEA drei Anhörungen festgesetzt, in denen Argumente pro und contra Klassifizierung vorgenommen werden sollten. Aber bereits vor der ersten Anhörung wurde MDMA per Notfallverordnung in Schedule I des amerikanischen Betäubungsmittelgesetzes aufgenommen (entspricht unserem BtMG). Auch das »22nd Expert Committee on Drug Dependence of the World Health Organisation (WHO)« schlägt 1985 vor, MDMA durch Aufnahme in der »Convention on Psychotropic Substances« zu kontrollieren. Dieser Auffassung schloß sich auch die Suchtstoffkommission der Vereinten Nationen 1986 bei einem Treffen in Wien an.

In der BRD wurden nach einer persönlichen Mitteilung vom Bundeskriminalamt

Wiesbaden bis zum April 1989 insgesamt 24 Sicherstellungsfälle gezählt und sechs illegale Labors ermittelt.

MDMA wird öfters als »Designer-Drug« bezeichnet, deshalb hier eine kurze Bemerkung dazu: Mit dem Begriff »Designer-Drug« werden üblicherweise Substanzen bezeichnet, die durch Veränderung der Molekularstruktur bekannter, jedoch verbotener Substanzen hergestellt werden. Damit sollen die derzeitigen Rechtsvorschriften umgangen werden (in den USA gibt es deshalb ein Gesetz, wo diese Substanzen schon im Voraus verboten werden). MDMA wurde schon 1914 synthetisiert und zählt aus diesem Grund eigentlich nicht zu den »Designer-Drugs« (z. B. BECK & MORGAN, 1986).

In der Schweiz haben einige Ärzte eine Sonderbewilligung erlangt, um im Rahmen einer Psychotherapie bei ihren Klienten unter festgelegten Bedingungen MDMA und andere Substanzen als Hilfsmittel einzusetzen. Dies ist ein wichtiger Schritt, damit die dringend notwendige Forschung über die Substanz weitergehen kann.

Constanze Weigle

Wissenswertes über den Gebrauch von MDMA

Es ist wohl allmählich durchgedrungen, daß es nicht auf den Gebrauch einer Substanz überhaupt ankommt, sondern daß eine positive bzw. negative Wirkung z. B. von der Dosierung, der Häufigkeit der Einnahme, Set und Setting und anderen Faktoren abhängig ist.

Folgende Punkte sind dabei hauptsächlich zu beachten:

- Welche Substanzen sind gleichzeitig noch im Organismus wirksam oder werden zusätzlich eingenommen?
- Wie ist der allgemeine physische und psychische Zustand der betreffenden Person?
- In welcher Umgebung und in welchem Rahmen (Set & Setting) findet das ganze statt?
- Wozu soll die Substanz eingenommen werden? Aus Neugier oder zu einem bestimmten Zweck, an den Erwartungen geknüpft sind?

So gibt es für verschiedene Absichten unterschiedliche Empfehlungen, wie MDMA gebraucht werden kann. Die Empfehlungen haben sich im Laufe der Zeit aus Erfahrungen von Usern ergeben, wozu ich hier auch die Therapeuten zählen möchte, die in einer Vielzahl von Sitzungen wertvolle Erfahrungen gesammelt und ausgetauscht haben.

Weiter hinten in dieser Broschüre finden wir eine »Anleitung aus der Szene«, die für manchen vielleicht interessante Anregungen bieten kann; ich bin jedoch persönlich der Meinung, daß vor Gebrauch einer so »mächtigen« Substanz mehr Wissen und vor allem Erfahrung nötig ist, wie sie hier angeboten wird. Sicherlich darf die Anleitung nicht als einzige Möglichkeit verstanden werden, wie eine Erfahrung äußerlich gestaltet werden kann bzw. muß.

Allerdings kann man es auch niemandem verdenken, sich einfach eine schöne Zeit mit dieser Substanz machen zu wollen – ich möchte nur ausdrücklich betonen, daß weitaus mehr möglich ist, als »nur« dieses.

a) Physiologische Nebenwirkungen/Kontraindikationen:

Mit jedem Arzneimittel wird ein Beipackzettel mitgeliefert, wo mögliche Nebenwirkungen und Kontraindikationen aufgezählt werden. Ich habe noch keinen für MDMA gesehen, deshalb hier eine Zusammenfassung aus dem, was ich in der Literatur darüber gefunden habe:

Die meisten Nebenwirkungen, die nach Einnahme von MDMA auftreten, resultieren aus der sympathomimetischen Wirkung der Substanz (vereinfacht als »kreislaufanregend« aufzufassen).

- *Folgende Nebenwirkungen sind bekannt:*
  Appetitverlust, erhöhte Herzrate, angespannte Kiefermuskulatur, »Zähnemahlen«, Kopfschmerzen, Schlaflosigkeit, Schwitzen, Zittern und Übelkeit.
  Diese Nebenwirkungen sind aber immer auch von der Dosis abhängig!

- *Aus Sicherheitsgründen wird empfohlen, folgende Kontraindikationen zu beachten:* Diabetes mellitus, Neigung zu Epilepsie, Glaukom, Herzkrankheiten, Hyperthyroidismus, Hypertonie, Hypoglykämie, verminderte Leberfunktion, Neigung zu Kreislaufkollaps oder nach einem Schlaganfall.
  Von der Anwendung während einer Schwangerschaft oder von stillenden Müttern wird abgeraten.

Trifft einer dieser Punkte zu, ist es sinnvoll, mit einem »erfahrenen« Arzt Kontakt aufzunehmen und sich gut zu informieren.

Bezüglich der Nebenwirkungen gibt es auch die Auffassung, die z. B. Widmer vertritt, daß sie einen psychischen Hintergrund haben und somit während der Sitzung benützt werden können, um herauszufinden, was für ein Konflikt dahintersteckt (z. B. ist ein angespannter Kiefer oft Zeichen von allgemeiner Verbissenheit) (WIDMER, 1989, S. 291).

Außerdem sollte MDMA nicht in Verbindung mit anderen sympathomimetischen Drogen und Medikamenten eingenommen werden, um eventuell auftretende Verstärkungseffekte zu vermeiden; vor gleichzeitiger Einnahme von anderen Medikamenten sollten generell mögliche Wechselwirkungen und Interaktionen berücksichtigt werden.

b) MDMA in Kombination mit anderen Substanzen:

EISNER (1989, S. 123) berichtet über gleichzeitige Einnahme von MDMA und LSD, daß es kurzfristig für eine positive Einstimmung nützlich sein kann, falls jemand vor Einnahme von LSD sonst eher Angst hat.

MDMA zusammen mit Alkohol einzunehmen, ist nicht empfehlenswert, weil Alkohol erstens als Beruhigungsmittel wirkt und so die Wirkung von MDMA hemmt und zweitens der Kater zusammen mit der eventuellen Müdigkeit vom MDMA am nächsten Tag unerträglich ist.

Das gleiche gilt auch für Marihuana, wobei manchmal eine kleine Menge davon während der Sitzung nützlich sein kann, um die stimulierende Wirkung von MDMA ein wenig zu dämpfen (EISNER, 1989, S. 124).

c) Psychische Wirkung:

In der Zwischenzeit gibt es einige Veröffentlichungen über die psychische Wirkung von MDMA, Beschreibungen, was Menschen erlebten, wenn sie MDMA eingenommen haben (z. B. ADAMSON, 1985; EISNER, 1989; WIDMER, 1989). Ich möchte an dieser Stelle eine Zusammenfassung davon geben und bei weiterem Interesse auf obige Literatur verweisen.

Viele Berichte weisen Gemeinsamkeiten auf, z. B. wird sehr oft von gesteigerter Kommunikationsfähigkeit berichtet, woraus sich eine Menge an neuen Erfahrungsmöglichkeiten ergeben, die teilweise bisher erlebte in Frage stellen. Wer z. B. einmal »in der Praxis« erfahren hat, daß direkte und offene Kommunikation kein echtes Risiko beinhaltet, kann dies auch ohne Einwirkung von MDMA wagen, wodurch Konflikte leichter gelöst werden können, bzw. erst gar nicht auftreten. Von vielen wird berichtet, daß sie eine neue Art von Ruhe erleben, Kontakt mit sich selbst auf einer ganz tiefen Ebene bekommen; auch daraus können sich viele Veränderungen ergeben, die weit über die Sitzung hinausreichen können und den Alltag einer Person stark beeinflussen.

Hier eine Sammlung von Erlebnissen, die von unterschiedlichen Quellen stammen:

- Erleben eines anderen Bewußtseinszustandes (altered state of consciousness) mit gleichzeitiger Fähigkeit zur direkten Mitteilung von eigenem Erleben und Ausdrükken von Emotionen, wie es im »Normalbewußtsein« nicht bzw. nur schwer möglich ist;
- gesteigertes Selbstvertrauen, verstärkte Selbstakzeptanz sowie erhöhtes Selbstbewußtsein;
- Ängste oder andere Barrieren, die im Kontakt mit Mitmenschen oft zu Mißverständnissen und Unbefriedigtsein führen, können wegfallen;
- Entstehen eines Gefühls der Empathie für andere Menschen und die gesamte Natur;
- Öffnung des »Herzchakras«;
- »Transpersonale« Erfahrungen.

ADAMSON & METZNER (1988) beschreiben die heilende Wirkung einer Sitzung mit MDMA dergestalt, daß die Trennung zwischen Geist (spirit), Denken (mind) und Körper (body) wegfällt und die Person Einsichten in ihre Probleme bekommen sowie neue Lösungsmöglichkeiten entdecken kann: Das Bewußtsein wird verstärkt und so ausgeweitet, daß der Körper in seiner Gesamtheit erfahren wird und ein Zugang zu »geistigen Kräften« und allen Aspekten des ›Verstandes möglich ist.

Dabei erlebte Gefühlszustände wurden beispielsweise wie folgt benannt:

- Ekstase
- Empathie
- Offenheit
- Mitgefühl (compassion)
- Akzeptanz
- Vergebung
- Gefühl von Friede
- Heilung
- All-Einheit (oneness)
- Fürsorge (caring)

Bei einer Erfahrung mit MDMA und ähnlichen Substanzen ist es möglich, sich selbst, andere Menschen und »die Welt« ohne den »Filter der Neurose« zu sehen, zu erleben und zu verstehen und dementsprechend zu reagieren. Eindrücke und Erlebnisse, die bei einer solchen Sitzung gewonnen werden, können auch hinterher noch weiterwirken, wenn die pharmakologische Wirkung der Substanz schon aufgehört hat (bei Einnahme einer Dosis von ca. 150 mg dauert die Hauptwirkung ca. drei bis vier Stunden an, wobei je nach Person Unterschiede möglich sind). Auf kognitiver, emotionaler und auf der Verhaltensebene können sich wesentliche Veränderungen im Alltag ergeben.

An dieser Stelle ein kleiner Einschub aus EISNERs Buch *Ecstasy* (Timothy Leary beschreibt eine Erfahrung, die er mit seiner Frau Barbara gemacht hat: »Am nächsten Tag (nach MDMA; Anm. d. Verf.) flogen wir zurück nach Hollywood. Drei Tage später waren wir verheiratet. Ich sollte hier bekennen, daß einige Leute X-T-C mit ›Instant Marriage Syndrom‹ bezeichnet haben. Viele Leute, die sich nicht so gut kannten und die Erfahrung gemeinsam erlebten, aktivierten den ›Liebe-Empathie-Kreislauf‹

und sind am nächsten Tag losgerannt, um zu heiraten. In einigen Fällen, nachdem sich der rosa Schleier gelüftet hat, mußte das Paar die Erfahrung machen, daß, obwohl sie für eine Weile die höchsten Regionen der Liebe geteilt hatten, die praktischen Aspekte ihres Lebens nicht harmonisierten. Man könnte es als kosmische Sommerromanze bezeichnen. In Boulder, Colorado, wurde es in der Tat so schlimm, daß Stickers und T-Shirts mit dem Aufdruck ›Sechs Wochen nach X-T-C nicht heiraten!‹ (Don't Get Married for Six Weeks After X-T-C) verteilt wurden.« (EISNER, 1989, S. 50)

Ich habe gehört, daß einige Therapeuten deshalb ihre Klienten angewiesen haben, »lebenswichtige« Entscheidungen, die man nach MDMA treffen möchte, erst noch einige Wochen zu verschieben und sie vorher nochmals gründlich zu prüfen.

d) Kann man/frau nach MDMA süchtig werden? Was wir bis jetzt darüber wissen und warum uns diese Frage verleitet, weit in die Zukunft zu blicken:

Eine Klärung dieser Frage ist natürlich sehr wichtig, denn Suchtgefahr spielt oft eine zentrale Rolle, wenn es um das Verbot einer Substanz geht. Ich habe mich eingehend mit der Literatur beschäftigt, die diesen Punkt untersucht hat und möchte euch hier eine Zusammenfassung der Ergebnisse liefern:

Es gibt bisher zwei tierexperimentelle Untersuchungen an Affen, die speziell zur Untersuchung des Suchtpotentials von MDMA durchgeführt wurden (BEARDSLEY, BALSTER & HARRIS, 1986; LAMB & GRIFFITHS, 1987). In beiden Untersuchungen wurde festgestellt, daß eine Neigung zu Mißbrauch von MDMA möglich sein könnte. In solchen Untersuchungen wird meistens MDMA im Vergleich zu anderen Substanzen untersucht, für die schon nachgewiesen ist, inwieweit sie ein Suchtpotential besitzen. Die Autoren weisen deshalb darauf hin, daß Vorhersagen über die Neigung zu Mißbrauch von MDMA aufgrund von Ähnlichkeiten oder Unterschieden zu klassischen Stimulantien wie Kokain oder Amphetamin und Halluzinogenen wie LSD nicht möglich sind, weil sich MDMA pharmakologisch von diesen unterscheidet.

Auch in anderen tierexperimentellen Untersuchungen wurde herausgefunden, daß es Hinweise auf ein Mißbrauchspotential bei MDMA gibt. Bis jetzt gibt es jedoch keine eindeutigen Ergebnisse. Wie es so schön heißt: weitere Untersuchungen sind notwendig...

Bei der Übertragung von Ergebnissen aus Tierexperimenten auf Menschen gibt es außerdem allgemeine Probleme. Auf diese möchte ich jedoch an dieser Stelle nicht weiter eingehen. (Wer sich dafür interessiert, kann dazu zum Beispiel bei BAKALAR & GRINSPOON, 1984, S. 41 f. nachlesen).

So, bevor wir jetzt zu den »Menschen« weitergehen, wo die Sache noch weniger erforscht ist, außer in »Feldbeobachtungen« und subjektiven Berichten, zunächst ein paar allgemeine Bemerkungen zum Thema *Sucht*:

Der Begriff Sucht wird von vielen Autoren unterschiedlich definiert, in der Umgangssprache hat jede/r eine Vorstellung, was damit gemeint ist, aber eine einheitliche Definition gibt es nicht. Die Weltgesundheitsorganisation (WHO) verwendet deshalb den Begriff *Abhängigkeit*. Darunter versteht man »einen Zustand von Mißbehagen bzw. von Beschwerden, die durch den Entzug einer Droge bei einem Individuum hervorgerufen werden, das diese Droge oder eine ähnlich wirkende Substanz längere Zeit (›chronisch‹) konsumiert hat. Ein weiteres Kriterium der Abhängigkeit besteht darin, daß das Mißbehagen durch die erneute Zufuhr der betreffenden Droge (oder einer ähnlich wirkenden Substanz) gebessert oder aufgehoben werden kann« (FEUERLEIN, 1984, S. 5). Na, wie sieht es denn bei euch aus, wenn ihr kurz nach Ladenschluß feststellen müßt, daß der Schokoladenvorrat oder die geliebten Gummibärchen aufgebraucht sind??? Eine Fahrt zur Tankstelle war schon für manche/n die Rettung...

Abhängigkeit wird in der Fachliteratur nochmal unterteilt in *physische* und *psychische* Abhängigkeit. FEUERLEIN schreibt: »Physische Abhängigkeit ist gekennzeichnet durch eine Reihe von körperlichen und psychischen Phänomenen, die nach Entziehung der Droge auftreten« (1984, S. 5). Die WHO bezeichnet mit psychischer Abhängigkeit »das unwiderstehliche Verlangen nach einer weiteren periodischen oder dauernden Einnahme der Droge, um Lust zu erzeugen oder Mißbehagen zu vermeiden« (zit. nach FEUERLEIN, 1984, S. 5 f.). Beide Formen der Abhängigkeit können getrennt voneinander vorkommen; der psychischen Abhängigkeit wird aber für die Aufrechterhaltung eines zwanghaften Gebrauchs von Drogen ausdrücklich größere Bedeutung zugeschrieben! (Deshalb werde ich in diesem Zusammenhang noch auf das Thema »Set und Setting« eingehen.)

Christian Rätsch hat in diesem Punkt folgende Auffassung: »Jeder Mensch möchte schöne Erlebnisse gern wiederholen (wozu z. B. auch ein leckeres Essen oder bezaubernde Musik zählen) und es ist nicht möglich, generell zu bestimmen, was noch normales bzw. schon süchtiges Verlangen danach ist. Sucht ist ausschließlich pharmakologisch sinnvoll definierbar, da alle anderen Definitionen wissenschaftlich nicht faßbar sind; sie sind nicht meßbar und nicht reproduzierbar und deshalb als nichtwissenschaftliche Auffassungen der jeweiligen Personen aufzufassen.« (RÄTSCH, pers. Mitteilung, 1989).

Ein weiterer »schöner« Begriff in diesem Bereich ist *Mißbrauch*. Ich finde ihn sehr problematisch, weil zu verschiedenen Zeiten in verschiedenen Kulturen, mit unterschiedlichen Verwendungsformen, Gebrauch von unterschiedlichen Substanzen als mißbräuchlich bezeichnet wird. Ein Indianer, der Peyote-Rituale leitet, hat mir z. B. erzählt, daß Tabak früher nur rituell verwendet wurde. Dabei wurden von einer »Zigarette« nur *vier* Züge geraucht, einer in jede Himmelsrichtung. Im Rahmen eines Peyote-Rituals wird das heute noch so gemacht. FEUERLEIN definiert Mißbrauch folgendermaßen: »Gebrauch einer Sache in einer Weise, die vom üblichen Gebrauch bzw. vom ursprünglich dafür gesetzten Zweck abweicht, und zwar in qualitativer wie in quantitativer Hinsicht« (1984, S. 3). Für Drogen fällt darunter der »Gebrauch ohne medizinische Indikation«. Es ist ja bekannt, daß z. B. Marihuana eine stark antiallergische Wirkung hat. Mir ist nicht bekannt, daß jemals in einer der vielen Untersuchungen gesundheitliche Beeinträchtigungen bei Einnahme von Marihuana gefunden wurden. Wer oder was entscheidet denn letztlich, was verboten und erlaubt ist? Ich überlasse es euch selbst, euch an dieser Stelle eine Meinung zu bilden...

Jetzt also zu den »Menschen«:

Wie schon oben erwähnt, gibt es noch keine Ergebnisse aus wissenschaftlichen Experimenten. RIEDLINGER schreibt 1985, daß es keine Hinweise für eine physische Abhängigkeit von MDMA gibt. Von verschiedenen Autoren wird berichtet, daß bei häufigem Gebrauch, bzw. bei Einnahme von hohen Dosen, die physiologischen Nebenwirkungen verstärkt auftreten und das einem langfristigen Mißbrauch der Substanz entgegenwirkt (RIEDLINGER, 1985; BECK, 1986). Weiter wird festgestellt, daß sich schnell eine Toleranz bezüglich der erwünschten psychologischen Effekte entwickelt. MDMA unterscheidet sich darin von anderen Substanzen mit Mißbrauchspotential (BECK, 1983). Aus Beobachtungen von BECK geht hervor, daß die meisten Personen nach evtl. anfänglich häufigerem Gebrauch eine Tendenz entwickeln, MDMA einmal pro Monat oder noch seltener zu verwenden.

SIEGEL hat sich 1986 in einem »drug treatment center« umgesehen und gefunden, daß die meisten User MDMA so verwendeten, daß keine Abhängigkeit entstehen konnte. 90,4 Prozent der Personen hatten nicht den Wunsch, MDMA auch nur ein zweites Mal noch zu nehmen! SIEGEL betont, daß sich Dosierungen, Gebrauchsmuster, Set und Setting stark unterscheiden im Vergleich zur medizinischen Verwendung der Substanz.

PEROUTKA hat den MDMA-Gebrauch von 100 Studenten der Stanford-Universität untersucht und dabei herausgefunden, daß die Mehrzahl MDMA weniger als 10mal eingenommen hat; 38 Erfahrungen mit MDMA waren in dieser Zufallsstichprobe das Maximum. Nach Gesprächen mit weiteren 200 Studenten hat er festgestellt, daß es keine Berichte über Personen gibt, die MDMA über eine längere Zeit häufig und in großen Mengen einnehmen (PEROUTKA, 1987).

Die ausführlichste Studie zu MDMA haben in den USA ROSENBAUM, MORGAN & BECK durchgeführt. Unterstützt vom National Institute on Drug Abuse (NIDA) haben sie eine soziologische Untersuchung über MDMA-User gemacht. BECK hat die Ergebnisse in seiner Dissertation zusammengefaßt, die als Buch veröffentlicht werden soll (BECK 1990). Aufgrund der Ausgangsbedingungen zur Teilnahme an der Studie (mindestens drei Erfahrungen mit MDMA) haben sie auch Personen gefunden, die extreme Erfahrungen mit MDMA bezüglich Häufigkeit der Einnahme und Höhe der Dosierung gemacht haben. Es gibt also tatsächlich Personen, allerdings *sehr wenige,* die nach einem Zeitraum von einem Jahr noch beinahe jedes Wochenende MDMA einnehmen, teilweise bis zu einem Gramm pro Abend! *Das sind allerdings Ausnahmen!* 81 Prozent der Interviewten berichteten, daß sie in dem Jahr vor dem Interview MDMA weniger als einmal pro Monat eingenommen haben, 57 Prozent sogar nur dreimal oder noch weniger. Die Mehrzahl berichtete von einer häufigeren Verwendung im Anschluß an ihre erste Erfahrung mit MDMA (mehr als einmal im Monat), die aber relativ schnell wieder nachließ (zwischen 2 bis 12 Monaten). Auch die »Extrem-User« von MDMA schränkten ihren Gebrauch letztlich aus den oben genannten Gründen wieder ein. Deshalb kommt auch diese Studie zu dem Ergebnis, daß MDMA ein relativ geringes Mißbrauchspotential besitzt. Unter der derzeitigen MDMA-Population ist es sehr selten, daß jemand auf Dauer einen problematischen und mißbräuchlichen Gebrauch von MDMA beibehält.

Über die Möglichkeit der psychischen Abhängigkeit von MDMA sind sich allerdings viele Forscher einig. SEYMOUR schreibt dazu: »... daß jede Substanz, die eine Wirkung auf das menschliche zentrale Nervensystem und das Bewußtsein ausübt, wie es bei der Linderung von Schmerzen, der Verringerung von Ängsten oder Streßgefühlen, der Leistungssteigerung und der Erzeugung von Glücksgefühlen geschieht, – kurzum: jede Substanz, die uns guttut – einen eingebauten Risikofaktor bezüglich Mißbrauch und Suchtverhalten besitzt.« (1986).

ADAMSON & METZNER, 1988, berichten, daß die meisten Personen die Erfahrung mit MDMA nicht oft wiederholen möchten. Sie sind sich dessen bewußt, daß der Zustand, in dem sie sich unter Einwirkung von MDMA befunden haben, nicht durch ständigen Gebrauch der Substanz, sondern durch therapeutische Arbeit und spirituelle Praxis wiedererlangt werden kann.

Es gibt im Gegenteil dazu sogar Anzeichen, die für einen Einsatz von MDMA gerade in der Therapie von Suchtkranken sprechen. Es wird nämlich von verschiedenen Seiten berichtet, daß z. B. der Gebrauch von Alkohol, Kaffee und Zigaretten nach Einnahme von MDMA nachläßt (GREER, 1983). Eine Erklärung dafür wäre z. B., daß eine Therapie mit MDMA es ermöglichen kann, die wirklichen Bedürfnisse zu spüren und Wege zeigen kann, wie diese erfüllt werden können. »Ersatzbefriedigungen« werden weniger interessant, wenn das Eigentliche möglich ist.

Wie eine Sitzung verläuft und was dabei erreicht wird, ist in großem Maße von *Set* und *Setting* geprägt. Mit »Set« bezeichnet man nach WIDMER »... alle psychologischen Faktoren, die den Verlauf einer Sitzung beeinflussen können, nämlich die Erwartungen des Klienten, die er mitbringt, seine Vorstellungen, aber auch jene des Therapeuten über die Art einer solchen Erfahrung und über das angestrebte Ziel sowie die Vorbereitung und Programmierung der Sitzung« (1989, S. 251). »Setting« bezeichnet die tatsächliche Umgebung, die äußeren Umstände, in der die Substanz verabreicht wird.

LEUNER z. B., Professor an der Universität Göttingen, der schon lange Therapien mit Halluzinogenen durchführt, ist der Auffassung, daß: »... (im Gegensatz zu den meisten Psychopharmaka) halluzinogene Mittel nicht durch ihre pharmakologische Eigenwirkung charakterisiert werden können, sondern, daß sie psychisch aktivierende Substanzen sind, deren Wirkung entscheidend bestimmt ist durch das jeweilige innere und äußere Milieu, in dem sich das Individuum befindet, das ihm angeboten wird, in Abhängigkeit von der Zielsetzung des Versuchsleiters« (1981, S. 361). Dies gilt natürlich auch für MDMA. Auch die Einstellung, die jemand gegenüber der eingenommenen Substanz entwickelt, fällt in diesen Bereich. Nach Ansicht einiger Autoren, mich selbst eingeschlossen, kann eine ritualisierte Art der Verwendung psychoaktiver Substanzen, wozu die Anwendung in der Therapie zählt, eine Möglichkeit sein, Einfluß auf die Verhinderung von Mißbrauch dieser Substanzen auszuüben. Interessante Untersuchungen zu dem Thema, wieso es einerseits Personen gibt, die Drogen sinnvoll verwenden können und andererseits Personen, die nach denselben süchtig sind, haben ZINBERG & HARDING 1982 in den USA veröffentlicht. Sie sind der Auffassung, daß dabei die Determinanten »drug, set und setting« berücksichtigt werden müssen. Viele Personen sind demnach aufgrund Einhaltung eigener Rituale in der Lage, die Verwendung von »illegalen« Drogen zu kontrollieren, sogar bei Substanzen mit sehr hohem Mißbrauchspotential wie Heroin.

Der Beitrag von Christian Rätsch und Claudia Müller-Ebeling in diesem Buch zeigt eine Möglichkeit der rituellen Verwendung auf, die bei der Einnahme von MDMA in der Gruppe verbreitet ist.

Ich finde es jetzt dringend nötig, unsere Gesetze im Hinblick auf diese Erkenntnisse zu überprüfen. Es erscheint mir nötig, Möglichkeiten zu schaffen, einen qualifizierten Umgang mit diesen Substanzen zu erlernen und zu forschen, wie sie sinnvoll eingesetzt werden können. Micky Remann gibt dazu ein ganz simples Beispiel: »Genauso, wie es einen unbedachten Umgang mit Nudelhölzern gibt, ohne daß sie deshalb für waffenscheinpflichtig erklärt würden, gibt es auch einen unbedachten Umgang mit Psychedelika« (REMANN, 1989). Niemand, der z. B. die Berichte gelesen hat, die in dem Buch *Through the Gateway of the Heart* von Sophia Adamson veröffentlicht worden sind, oder die Möglichkeit gehabt hat, persönliche Erfahrungen mit diesen Substanzen zu machen, wird ihren Nutzen abstreiten. Und in unserer Zeit der globalen Zerstörung, die sich immer weiter ausbreitet, bleibt keine Wahl mehr, als alle Möglichkeiten aufzugreifen, die uns angeboten werden, um vielleicht noch einen Ausweg zu finden. Für viele ergeben sich mögliche Lösungen aus Ideen und Einblicken, die sie in Sitzungen mit Substanzen wie z. B. MDMA bekommen. Der Ethnobotaniker Terence McKenna, der auf Hawaii eine Art »Reservat« für Pflanzen (hauptsächlich aus dem Amazonasgebiet) geschaffen hat, die vom Aussterben bedroht sind, gehört auch dazu. In einem Interview meint er, daß Halluzinogene uns einladen in eine höhere, weitere, tiefere Dimension dessen, was es bedeutet, Mensch zu sein. »Denn wenn es nicht die Erweiterung des Bewußtseins ist, die über der menschlichen Zukunft schwebt, was für eine Zukunft ist das dann?« (ZUCKER, 1989).

In einem unveröffentlichten Artikel mit dem Titel »Die MDMA-Erfahrung und ihre Bedeutung für Heilung, Psychotherapie und spirituelle Praktiken« zeigen ADAMSON & METZNER, wie wir von traditionellen Kulturen über den Einsatz von »Psychedelika« zum *sozialen Nutzen* lernen können. Ich möchte hier einen längeren Abschnitt zitieren:

»Obgleich traditionelle Gesellschaften, wie die amerikanischen Indianer, in ihren Zeremonien diese drei Bereiche nicht voneinander unterscheiden – Peyote-Rituale oder Schwitzhütten-Zeremonien sind zugleich Gottesdienst, Heilverfahren und Möglichkeiten der Problemlösung – werden sie in modernen, westlichen Gesellschaften sorgsam akademisch unterschieden und in einzelne Berufssparten aufgeteilt. Die scharfe Trennung dieser drei Funktionen nach Berufsgruppen und ihren speziellen Interessengemeinschaften mag einer der Gründe dafür sein, daß westliche Gesellschaften – die amerikanischen Indianer ausgenommen – Probleme haben, mit Psychedelika sachlich umzugehen und sie zum sozialen Nutzen einzusetzen. Die grundlegende These dieses Artikels ist, daß die empathogenen Substanzen eine Erfahrung ermöglichen, mit deren Hilfe die defensive, innerpsychische Trennung zwischen Seele, Geist und Körper aufgelöst werden kann, damit innerhalb ein und desselben Erlebnisses körperliche Leiden geheilt, psychische Probleme gelöst und eine spirituelle Dimension wahrgenommen werden können. An Heilungszeremonien traditioneller Völker, wo es um Heilung oder Therapie geht, nimmt stets eine Gruppe von Menschen teil. Sie finden in einem rituellen Rahmen statt und werden als religiöses Ereignis gewertet. Dies unterscheidet sich grundlegend von den konventionellen, westlichen medizinischen Modellen. Hier werden heilende Drogen nach einem täglichen Stundenplan verabreicht und nicht als eine Erfahrung, die der Arzt mit dem Patienten teilt. Die Aufzeichnungen der Sitzungen mit empathogenen und psychedelischen Substanzen zeigen, daß diese Erfahrungen der von Naturvölkern und schamanischen Kulturen praktizierten, integrativen Form zugeordnet werden können. Die Veränderungen, die sich im Bewußtsein eines Individuums während einer solchen Erfahrung vollziehen, bestehen in einer veränderten Einstellung zum Körper, wodurch seine Selbstheilungs- und Regenerationsprozesse erleichtert werden. Ebenso können psychologische Probleme dadurch gelöst werden, daß die Perspektive verändert wird, eingefahrene Überzeugungen noch einmal neu überdacht werden, was ebenfalls heilend wirkt und spirituelle Zusammenhänge einschließt. Wird einem Menschen die spirituelle Dimension des Seins bewußt, hat dies automatisch heilsame und therapeutische Konsequenzen. In allen drei Bereichen wird die Integrität und Eigenverantwortlichkeit des Individuums bestätigt und bestärkt; die Abhängigkeit vom Arzt oder von Medikamenten nimmt ab. Oftmals werden diese neuen Ansichten und Veränderungen mit in das Alltagsleben übernommen.«

Im selben Artikel finden wir auch noch Zitate aus Erfahrungsberichten, die erstmals in dem Buch *Through the Gateway of the Heart* publiziert wurden. Ich möchte hier aus einem Bericht zitieren, wo es um ein Erlebnis eines zwanghaften Masochisten mit MDMA geht. Er hatte hinterher Bedenken, davon abhängig werden zu können.

»Ich glaubte nicht wirklich, daß ich von der MDMA-Erfahrung abhängig werden könnte, so wie man abhängig vom Alkohol oder vom sexuellen Exzess mit Prostituierten wird. Beides betrachte ich aufgrund ihres zwanghaften Charakters als Abhängigkeiten. Weil sie so geartet sind, daß man nie ein befriedigendes, umfassendes, erfreuliches Erlebnis hat. Mit MDMA dagegen habe ich nicht das Gefühl von Zwanghaftigkeit. Es ist tatsächlich etwas völlig anderes. Weil es in gewisser Weise jenseitig ist; jenseits meines Lebens und meiner Neurosen. Es hat buchstäblich einen Geschmack vom unendlichen Segen, ein bewußtes Ganzes zu sein. Es birgt im Kern etwas von der Erfahrung, die jedes bewußte Wesen gerne machen möchte und braucht. Es vermittelt eine Ahnung von unserem wahren Selbst, von seiner Perfektion, seiner Schönheit, Ganzheit und Vollendung. Es erfüllte alle meine Kindheitsträume, all meine unerfüllten Sehnsüchte. Alle Gefühle von Begrenztheit und Nichtigkeit wurden hinweggefühlt von der Gewißheit, wer ich eigentlich bin.«

Constanze Weigle

Fragen & Antworten zu MDMA

Was muß ich beachten, wenn ich MDMA nehme?
Wie hoch ist die Dosierung?
Wie muß ich mich vorbereiten?

Auf diese Fragen finden sich im ganzen Buch verstreut Hinweise. Ich möchte jedoch auch nochmal aus dem Buch von Bruce Eisner zitieren:

»Ralph Metzner und Sophia Adamson geben in ihrer bislang unpublizierten Anthologie folgenden Tip: ›Grundlage für eine Erfahrung, von der man lernt, ist es, sich vor der Einnahme darüber klar zu sein, was man erreichen will, daß man sich eine Aufgabe stellt, ein Ziel für die Forschungsreise definiert. Man sollte sich selber fragen: Welchen Sinn und Zweck hat es für mich, diese Ebenen erweiterter Bewußtseinszustände zu betreten? Diese Frage sollte man auch zuvor mit dem Therapeuten oder Reisebegleiter erörtern. Typischerweise stellen sich die meisten Menschen fundamentale existentielle und spirituelle Fragen ... die zusätzliche folgende Sitzungen zur Beantwortung benötigen ... Manche Menschen stellen auch keine Fragen, sondern sie beschäftigen sich mit bestimmten Themen oder Aufgaben. In jedem Fall ist es eine gute Programmierung, sich solch ein Thema oder solch eine Frage bewußt zu stellen, bevor man die Substanz zu sich nimmt. Wem es möglich ist, der kann auch gleich sein inneres höheres Selbst mit dieser Aufgabe betreuen.‹«

Die Autoren haben noch weitere Tips auf Lager. Sie empfehlen vor der Einnahme eine Meditation oder andere Entspannungspraktiken. »Jene User mit einem schamanistischen Touch nehmen gerne Federn, Kristalle oder schöne Steine mit auf die Reise. Fotografien der Eltern und anderer Familienmitglieder können hilfreich sein, wenn man die eigene Kindheit und Jugend erforschen möchte.

Körperlich sollte man absolut fit sein, also kein Herzklabastern oder sonstige Störungen (körperlich wie geistig) als Ballast mitschleppen, denn dies kann durchaus fatale Folgen nach sich ziehen. Es verstärkt potentielle positive Erfahrungen, wenn man die Nacht zuvor gut geschlafen hat und entsprechend ausgeruht ist. Es ist z. B. keine gute Idee, MDMA für einen ›Heilversuch‹ zu nehmen, wenn man stark erkältet ist, denn die Substanz würde den Körper nur weiter schwächen. Auch für diese Regel gibt es Ausnahmen, nämlich dann, wenn positive psychische Reaktionen potentielle körperliche Schwächungen überwiegen, z. B. bei unheilbarem Krebs.

Während der Reise/Sitzung sollte man ausreichend Getränke wie Fruchtsaft, klares Wasser etc. greifbar haben, denn MDMA macht durstig bzw. der Körper lechzt mitunter nach mehr Flüssigkeit. Andererseits sollte man seinen Magen und damit das ganze Körpersystem nicht mit Nahrung belasten; das heißt: ein paar Stunden vor der Substanzaufnahme nichts mehr essen. Ein voller Magen verhindert die rasche Aufnahme der Droge.« (*Zusatz von C. Weigele:* Achtung wegen eventueller Übelkeit eher gegen Ende der Sitzung. Wasser ist am besten. Keine Cola, keinen Kaffee wegen eventueller Wechselwirkung. Vor allem hinterher viel trinken, denn währenddessen denkt man eh selten daran, zu trinken.«)

»Die durchschnittliche Dosierung beträgt zwischen 125 und 180 mg. Wenn man schwer ist, braucht man etwas mehr, um denselben Effekt zu verspüren wie eine leichte Person. Es gibt auch keine einheitliche Wirkung, manche Menschen reagieren sensibler auf MDMA als andere. Die Ursachen hierfür mögen im Körpermetabolismus liegen oder auch psychologische Gründe haben.

Auch der Grund des Trips kann sich in der Dosierung niederschlagen. Manche wollen unter MDMA-Einfluß kreativ arbeiten und begnügen sich dafür mit 50-75 mg, der geringsten spürbaren Dosierung. Andere wollen mit Menschen kommunizieren und bevorzugen dafür 125-160 mg. Für einsame Reisen in die eigenen inneren Räume dosieren sich manche Eigenhirnforscher bis zu 200 mg.

MDMA ist eine eigenartige Substanz: Die Spanne zwischen Über- und Unterdosierung ist relativ gering. Nimmt man wenig, spürt man nichts. Nimmt man über 200 mg, verblassen die Vorzüge, die wir dieser Substanz zuschreiben, und die Wirkung gleicht mehr der von Amphetaminen und schwächt den Körper entsprechend. Auf keinen Fall sollte man mehr als 250 mg zu sich nehmen, denn dies kann fatale, ja

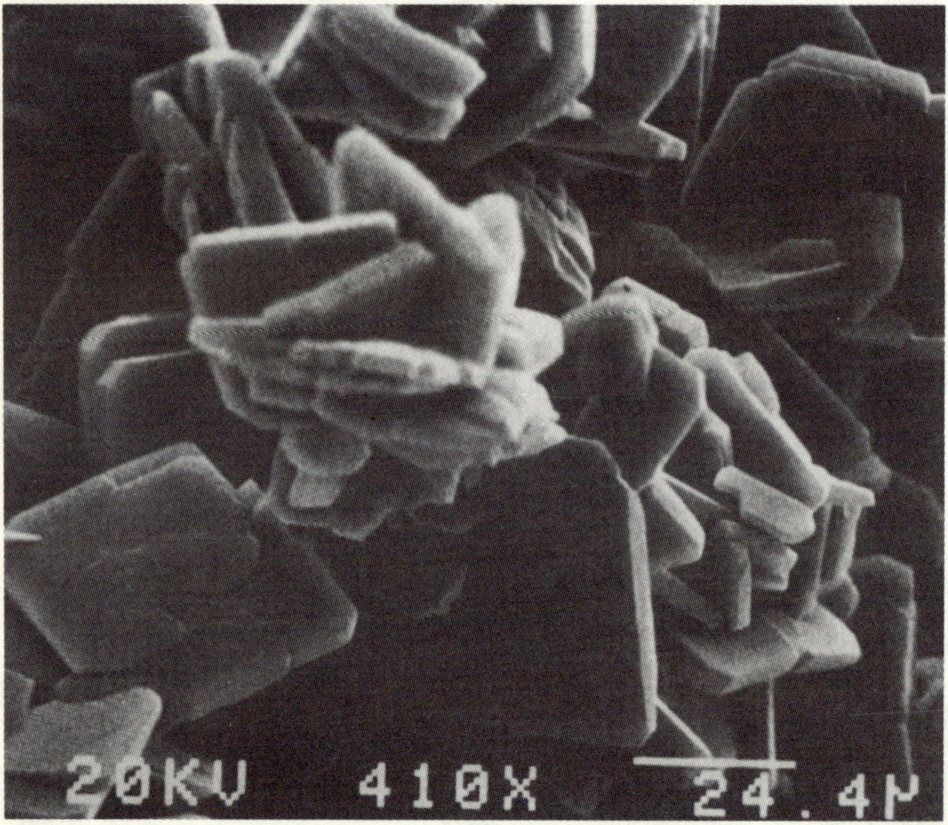

Ein MDMA-Kristall, durch das Auge eines Elektronenmikroskops 410fach vergrößert.

sogar tödliche Folgen mit sich bringen!« (*Zusatz C. Weigle:* Achtung: Neurotoxizität unklar ab welcher Dosis! In der (Schweizer) Literatur ist von 150 mg die Rede. 200 mg scheint mir schon eine Dosis, die ich *nie* nehmen würde.)

Was wird mit mir geschehen, wenn ich mich auf einen MDMA-Versuch einlasse?

Wenn du dich entsprechend vorbereitet hast und gesund und munter bist, prophezeit Bruce Eisner folgendes:

»Du entdeckst einen geheimen Gang in einen Raum deines Hauses, der dir bislang unbekannt und verschlossen war. In jenem Raum scheinen sich deine inneren Erfahrungen wie auch deine Beziehungen zu anderen wie magisch zu transformieren. Du fühlst dich richtig gut, und dein Leben erscheint dir entsprechend lebenswert. Gleichzeitig erscheint dir jeder Mensch im Raum liebenswerter. Deine Gedankenströme fließen ständig, und du transformierst sie in Worte und Sätze, die bislang vor Angst und Scheu blockiert waren.

Nach einigen Stunden kehrst du in die bekannten Räume, in deine familiäre Umgebung zurück. Du fühlst dich müde, aber anders, offener als zuvor. Die Erinnerung an deine mystische Reise mag es dir ermöglichen, im Laufe der Zeit auch die anderen Räume deines Hauses freudvoller zu gestalten.«

Wie gefährlich ist MDMA für den Menschen?

Von nix kommt nix. Jede Veränderung, auch eine geistige, birgt Gefahren in sich. Grundsätzliches über Vergiftungsgefahren bitte im Beitrag von Constanze Weigle nachlesen. Hier ein paar Ergänzungen, denn doppelt gemoppelt hält besser.

Aus einer Rezension der Zeitschrift *Psychedelic Monographs and Essays*:

Auf 250 Seiten bietet PM&E eine erhellende Bandbreite von Informationen aus allen psychedelischen Forschungsbereichen: Soziologie, Kybernetik, Pharmakologie, Literatur usw. Themen der Nr. 4 sind beispielsweise Aufklärung über den Castaneda-Schwindel (hat dieser seine »Erlebnisse« doch glatt aus ethnologischen Werken abgeschrieben, auch aus Artauds Memoiren), über die neue Substanz U4ia, über den Disput Leary-Wasson etc. Wichtig auch die Aufklärung über Anti-MDMA-Kampagnen: so hatte es auch in Deutschland wiederholt in den Zeitungen gestanden, daß MDMA stark toxisch sei. Da hatte jemand mehrfach täglich Ratten über einen Zeitraum von vier Tagen MDMA gefixt und daraufhin Veränderungen im Gehirn derselben festgestellt. Bei solchen Versuchen ist fast jede Substanz körperschädlich. Weitere Versuche mit oral eingenommenem MDMA zeigten, daß es zwar temporär zu einer Beeinträchtigung von Nervenzellen kommen kann, diese sich aber wieder regenerieren und nicht absterben, wie es fälschlich publiziert wurde. Auch Untersuchungen bei Menschen ergaben bislang keinerlei Hinweise auf bleibende Schäden.

PM&E berichtet auch darüber, wie solche Anti-Drogen-Meldungen typisch für weite Teile der Presse sind. So war beispielsweise im *New Scientist* zu lesen, daß ein Forscher davon ausgeht, daß MDMA für das Gehirn schädlich sei. Zwar sei es ihm trotz intensiver Bemühungen noch nicht gelungen herauszufinden, was nun wirklich schädlich sei, aber er arbeite noch daran. Aber das war auch in den 60ern schon so, als man überall lesen konnte, daß Jugendliche ihr Augenlicht verloren, da sie unter LSD-Einfluß zu lange in die Sonne geschaut hätten. Weltweit wurde dies publiziert, aber als der US-Offizielle, der diese Meldung verbreitet hatte, zugab, daß er diese erfunden hätte, war dies keine Pressemeldung mehr wert. (Bezug von *Psychedelic Monographs and Essays:* Publishing Group, P.O. Box 740, Boca Raton, Florida 33429, USA).

Ist MDMA und Ecstasy dasselbe? Gibt es noch andere Namen?

Dr. Timothy Leary höchstpersönlich war es, der 1965, auf dem Höhepunkt der psychedelischen Welle in den USA, den griffigen Slogan prägte: »Acid is ecstasy, and ecstasy is good for you.« Daran wird sich wohl irgendwann irgendein begabter junger Drogenhändler erinnert haben, als letzthin wiederum Leary MDMA als »die Droge der Achtziger« bezeichnete, was von den Medien natürlich gleich wieder begierig verwurstet wurde.

Aber auch andere Namen sind immer wieder aufgetaucht; XTC und »Adam«, in den USA »Presence« und »Clarity«, in England »E«, und in der deutschen Presse wurde wiederholt von »Cadillac« geschrieben.

Mehr über die Begriffe »Emphatogene« und »Entaktogene« kannst du in den faksimilierten *taz*-Kolumnen (S. 33/34) nachlesen.

Zu den beiden letzten Abschnitten des Faksimile aus dem Jahr 1986 muß ich nach dem heutigen Wissensstand noch hinzufügen, daß es durchaus auch andere, ja gegenteilige Erfahrungen gibt. Set und Setting sind dabei so entscheidend wie bei LSD. Auch MDMA kann dein System total aus den Angeln heben und ist dann garnicht mehr »lieb und nett«.

Warum überhaupt MDMA?
Um welche spezifische Wirkung geht es dem User?

MDMA stärkt das Ego, wie auch immer man dies definieren mag. Im Gegensatz zur ebenfalls egolastigen Kokainwirkung (wie auch bei einigen Amphetaminen) geschieht dies jedoch auf eine menschlich herzenswarme Art. Egozentriker erkennen ihre Egospiele und müssen miterleben, wie diese plötzlich zu bröseln anfangen. Andererseits kann mangelndes Selbstbewußtsein im Alltag durchaus auch einen positiven Schub erhalten. Das ist jedoch auch abhängig von Faktoren wie Leitung, Führung etc.

Man kann auch unter MDMA (wie bei Kokain) ins Labern geraten und dem anderen die Hucke vollreden, ohne zu merken, ob der/die Gegenüber überhaupt aufnahmefähig für die »Wahrheit« ist. Aber zumeist sucht man wahre zwischenmenschliche Kommunikation.

Die eigenen Defensiven fallen, Gefühle lassen sich artikulieren und dem/der jeweiligen PartnerIn nachvollziehbar vermitteln. Man spricht durchs Herz. Man wundert sich oft selbst, was für Wahrheiten da aus dem eigenen Mund kommen. Gewußt hat man diese meistens schon, aber sich nie getraut sie zu sagen.

Partnerschaftliche Fehden lassen sich beilegen, ohne daß das Kriegsbeil ausgegraben werden muß. MDMA hat eher eine Friedenspfeifenfunktion: man hat keine Angst, daß die eigene Wahrhaftigkeit negativ ausgelegt wird und/oder verletzend wirkt.

In den Worten Bruce Eisners: »MDMA reißt die Kommunikationsmauern zwischen Individuen nieder. Plötzlich ihrer Isolation entkommen, reden Fremde in einem ungewohnt familiären Ton miteinander. Selbst Beziehungskisten werden geöffnet und Intimitäten bleiben keine gut gehüteten Geheimnisse. Persönliche Probleme können anscheinend »problemlos« erörtert werden. Diese Prozesse setzen recht subtil ein, werden jedoch von der Mehrzahl der User erfahren.

Rausch: Ja – Gift: Nein

Die Debatte über die Toxizität von MDMA

Im November 1995 besuchte ich die USA und traf und befragte die wichtigsten Forscher, die sich mit MDMA befassen. Als »Versuchskaninchen« nahm ich an einer Studie zur Neurotoxizität von MDMA, durchgeführt von Ricaurte am John Hopkins Institut und McCann am National Institute of Health teil, ebenso an einer anderen Studie von Grob am University College in Los Angeles. Jeden dieser Forscher habe ich befragt. Ich verbrachte auch einige Zeit am Rockefeller Institut und diskutierte die Angelegenheit mit O'Callaghan, der eine Analyse zur Neurotoxizität für die Environment Protection Agency entwickelt hat. Im folgenden erläutere ich mein Verständnis des gegenwärtigen Wissensstandes in bezug auf die Neurotoxizität von MDMA.

Eine gewisse Zahl von Tierversuchen hat Anhaltspunkte dafür ergeben, daß MDMA neurotoxisch ist, aber die angewandten Methoden können bei Menschen nicht durchgeführt werden, da in deren Verlauf die Tiere getötet werden. Obwohl weithin angenommen wird, daß bei Menschen ähnliche Schäden auftreten, ist diese Sicht umstritten.

Ricaurte und McCann haben versucht, die Resultate bei Tieren auf Menschen zu extrapolieren, indem sie zeigten, daß eine ähnliche Änderung der Rückenmarksflüssigkeit beim Menschen vorkommt, wie sie bei Affen auftritt, deren Gehirne Schäden aufweisen. Sie fuhren dann fort, indem sie nach »funktionalen Folgen« suchten, wobei sie die Gehirnfunktionen menschlicher MDMA-Konsumenten mit denen von Kontrollgruppen verglichen. Aber der einzige Unterschied, den sie fanden, war der, daß diejenigen, die MDMA nehmen, eine sanftere Persönlichkeit aufwiesen. Dies führte zu der Studie, an der ich teilnahm. Sie beinhaltete eine größere Zahl von Menschen, die stärkere Konsumenten der Droge sind und tiefergehende Tests, um nach körperlichen und geistigen Folgen zu suchen. Resultate wird es nicht vor Ablauf von zwei Jahren geben. Ricaurte holte einige starke Konsumenten (die ich ihm genannt hatte) aus dem Vereinigten Königreich, darin eingeschlossen ein Paar, das in den letzten drei Jahren über 50 Tabletten pro Monat eingenommen hat.

O'Callaghan erhielt von der EPA den Auftrag, im Rahmen einer großen Studie, die 750.000 Dollar kostete, die zuverlässigste Methode zur Bestimmung der Neurotoxizität festzustellen. Er kam zu dem Schluß, daß die reaktive Gliosis die gründlichste Methode sei, da sie eine quantitative Analyse der Toxizität aus einem weiten Bereich von Ursachen, eingeschlossen Luftverschmutzung, Schlaganfälle, sehr fortgeschrittenes Alter und sogar Stichwunden ermöglicht. Trotzdem zeigt sie keine Toxizität bei MDMA und Fenfluramin an.

Fenfluramin ist ein Medikament, von dem sowohl Ricaure als auch Molliver glauben, daß es eine zu MDMA identische Neurotoxizität verursache. Obwohl es mehr als 20 Jahre lang zur Gewichtsabnahme verschrieben wurde, haben in den USA Zweifel an seiner Sicherheit dazu geführt, daß sein Gebrauch Beschränkungen unterworfen wurde. Der Hersteller beantragte neulich die Zulassung für den unbeschränkten »lebenslangen« Gebrauch, um Fettleibigkeit zu behandeln, und argumentierte damit, daß die Risiken nicht bewiesen und im Vergleich zun Nutzen akzeptabel seien. Ein von der Food and Drug Administration eingesetztes Beratergremium hörte sich im letzten Dezember die Vorträge acht geladener Sprecher an und votierte am Ende mit 6 zu 5 Stimmen zugunsten der Genehmigung des uneingeschränkten Gebrauchs.

In meinen Diskussionen mit O'Callaghan räumt dieser ein, daß »die Überprüfung einiger Daten erkennen lassen könnte, daß d-Fenfluramin nicht toxisch ist, MDMA es aber sei«. Er akzeptiert jedoch nicht den von Ricaurte vorgebrachten Beweis und steht dem in Neurscience publizierten Aufsatz, der die Schnitte durch das Gehirn von Squirrel-Affen zeigt, besonders kritisch gegenüber. Er sagte zu mir, daß die Schnitte durch das Gehirn von einem zum anderen aus zahlreichen Gründen in ihrer Erscheinung Abweichungen zeigten und daß visuelle Unterschiede ohne unterstützende Daten irreführend und ohne Signifikanz sein könnten.

Ricaurte und McCann stimmten überein, daß man sagen könnte, daß der Nutzen von MDMA im klinischen Gebrauch die Risiken überwiege. Beide sagten mir, daß sie entsprechende Versuche mit Menschen begrüßen würden. Ricaurte glaubt, daß klinische Dosen unter der Toxizitätsgrenze lägen, während McCann glaubt, daß die Toxizität durch den simultanen Gebrauch von Flouoxitin vermieden werden könne.

An der UCLA hat Grob die (nicht veröffentlichte) Entdeckung gemacht, daß ältere MDMA-Konsumenten eine höhere Gehirndurchblutung haben als Kontrollgruppen. Als Resultat daraus hat die Universität ein Patent für den Gebrauch von MDMA bei der Behandlung der Demenz beantragt.

Meine Schlußfolgerung ist, daß schwere Dauerkonsumenten, von denen es im Vereinigten Königreich viele gibt, sich damit sehr wohl schaden können, daß aber der moderate Gebrauch wahrscheinlich keine Langzeitschäden des Gehirns verursacht und möglicherweise von Nutzen sein kann.

Nicholas Saunders

Offensichtlich ist es eine gewaltige Entstressung, die da stattfindet, sowohl mental wie auch körperlich. Den meisten Menschen vermittelt MDMA das Gefühl, mehrere Urlaubstage erlebt zu haben. Während der Trip selber nur vier bis sechs Stunden dauert, können Nachwirkungen in Form von Aufarbeitung des Erlebten und Erfahrenen noch lange Zeit anhalten.«

Wie wirkt MDMA?

Bruce Eisner: »Auf diese Frage weiß man noch keine definitive Antwort. Höchstens mehr Fragen. Welche Prozesse setzt MDMA im Gehirn in Gang? Welchen Ursprung hat die typische Wirkung, daß bislang anscheinend ungenutzte Kapazitäten des Gehirns freigesetzt werden? Was verursacht die emotionale, mentale und körperlicher Streßreduzierung? Wie öffnet MDMA das Herz?«

Was ist MDMA? Ist es »natürlich«? Hat es jemand erfunden?

MDMA ist eine semi-synthetische Droge – keine Designer-Droge. Ein ähnlicher Molekülaufbau findet sich in Muskat, Dill und Krokussen. Zumindest die Muskatnuß hat eine lange Geschichte der psychoaktiven Nutzung, auch wenn diese von heftigen Nebenwirkungen begleitet ist. Aber für Seeleute oder Knastinsassen war/ist Muskat oftmals »die letzte Rettung«, wenn keine anderen Bewußtseinsveränderer in Reichweite waren/sind. MDMA ist also eine chemische Substanz, die einige pflanzliche Verwandtschaft vorzuweisen hat. Als eigenständige Substanz wurde es 1914 von den Chemikern des Hauses Merck in Darmstadt entdeckt – als Formel für die neue synthetische Variante des Öls der Sassafras-Staude. In mehreren Beiträgen über MDMA in der amerikanischen Presse war zu lesen, MDMA sei als Appetitzügler entwickelt worden (für die hungernde Westfront).

MDMA an der Front, der Horror eines jeden Falken-Generals. Die Wirkung der neuen Substanz schien nicht nutzbar und wirtschaftlich gewinnbringend zu sein, so verschwand diese Chemikalie schon bald in der Versenkung und geriet bis 1953 vollständig in Vergessenheit. Es war die US-Armee (die 1945 ungeheure Mengen von chemischen Patenten »befreit« hatte, als sie das IG-Farben-Nest als Kuckucksei belegten), die in den 50er Jahen MDMA serienmäßigen Tierversuchen unterwarf. Sie scheinen aber auch nicht mehr herausgefunden zu haben, außer, daß die Substanz nichts für Soldaten sei, auch nicht die erhoffte Wahrheitsdroge war. Seitdem weiß man immerhin, wieviel MDMA ein Hund oder ein Schwein zu sich nehmen muß (?!), um zu verrecken.

Kann man MDMA nur im kleinen Kreis nehmen oder eignet es sich auch als Party-Droge? Stimmt es, daß in England große MDMA-Festivals veranstaltet werden?

Unbestritten erzielen MDMA-Sessions unter therapeutischer Aufsicht die offensichtlichsten positiven Veränderungen. Therapeuten mögen die Haare zu Berge stehen, wenn sie von alternativen Nutzungsmöglichkeiten dieser Substanz hören. Geradezu unglaublich klingen die Informationen aus England, die man regelmäßig in Zeitgeist/Trend-Zeitschriften wie *ID* oder *The Face* nachlesen kann.

Dort ist in den vergangenen Jahren eine neue Jugendkultur herangewachsen, deren Grundlage sicherlich im ewigen Generationenkonflikt zu suchen und zu finden ist.

Das war bei den Beatniks im Grunde nicht anders als bei Hippies, Gammlern, Rockern und Punks. Jede dieser Jugendbewegungen tanzte zur eigenen Musik und nahm gruppenspezifische Substanzen, wobei es sich dabei meist um Alkohol handelte. Die neopsychedelische Szene tanzt zu stampfendem Elektro-Acid-House. Mit »Acid« ist dabei jedoch mehr ein kollektiver Kampfschrei gemeint (»Acciiiiid!«) als LSD. Die favorisierte Substanz, um die es sich in diesen Zirkeln handelt, ist zweifelsohne MDMA unter dem Namen »E« (= Ecstasy). Trafen sich zuerst ein paar Dutzend bis Hunderte von Tanzwütigen, so wurden es in den vergangenen Jahren Tausende. Traf man sich erst in verlassenen Fabrikhallen, so gab es 1988/89 einen wahrhaften Boom großer »E«-Happenings überall auf dem Lande. Auf irgendeiner Wiese wurde eine mächtige Verstärkeranlage aufgebaut, auf der Bühne wirkten namenlose Soundakteure, meist nur mit Synthies, Samplern und anderen elektronischen Keyboards. Es werden heute keine Lieder mehr gesungen, sondern gnadenlos und ohn' End Dance-grooves georgelt. All night long.

Wie immer, wenn sich viele Jugendliche unkontrolliert amüsieren, so reagierte die Sensationspresse Englands und alarmierte die Autoritäten. Versuche von polizeilichen Razzien wurden mit Pfiffigkeit gekontert: über Piratensender und Mundpropaganda wurde ein nächtlicher Zeit/Treffpunkt vereinbart. Dort zahlte man einen Beitrag und erfuhr, daß die Veranstaltung (zeitgemäß »Rave« genannt) z. B. 100 Meilen nördlich von London stattfinden sollte. Bis zu 40.000 Menschen fuhren sodann in Kolonne nordwärts, um an einer geheimgehaltenen Autobahnabfahrt zum Tanzplatz gelotst zu werden.

Inzwischen hat Frau Thatcher den rechtlichen Rahmen so biegen lassen, daß alle Raves illegal sind, Veranstalter mit der Beschlagnahmung der gesamten Anlage und einer saftigen Strafe zu rechnen haben, und auch Bauern, die ihr Land zum Tanzen freigegeben haben, werden empfindlich bestraft.

Während der Handel mit T-Shirts mit einem »Smiley«-Gesicht in jeglicher Mutation in vollste Blüte schoß – überall in Londons Touristenzentren gab es zeitweilig vorwiegend dieses Motiv, meist mit einem »Acid«-Spruch wie »Where is the Acid Party« – und die Polizei recht enttäuscht war über die geringen Mengen gefundener illegaler Substanzen (jene im Hirn sind durch Blastüten noch nicht nachzuweisen), reagierten die findigen Jugendlichen mit einem neuen Trick.

Ohne Nutzung traditioneller Informationsverteiler wie Presse und Rundfunk trafen sich im Park von Brixton 20.000 Menschen zum Picknick. Die meisten hatten ihren Ghettoblaster dabei und tuneten sich auf einen Piratensender ein, der die entsprechende Soundkulisse offerierte. So konnten Tausende legal, ohne zentrale Bühne, den ganzen Nachmittag und Abend zum selben Beat tanzen. Die Polizei war sehr präsent, durfte aber nicht eingreifen, da ein Picknick im Park mit Tanz (noch) nicht verboten ist.

Thomas Lyttle, Herausgeber der *Psychedelic Monographs and Essays* arbeitet gerade an einem Buch über MDMA als Tanzphänomen und die entsprechende »House«-Musik.

Ist MDMA wirklich verboten? Wo? Seit wann? Von wem? Warum? Wie lange noch? Wer unternimmt etwas gegen das Verbot?

Wie schon beim LSD erging ein Verbot des MDMA zuerst in den USA! Dort war die Substanz schon seit Jahren der Renner im therapeutischen Arzneischrank. Als dann auch der kleine Mann auf der Straße zunehmend in den Genuß der Substanz gelangte, stürzten sich die Geier der Presse auf dieses Thema und vermanschten es so, daß die staatlichen Autoritäten aufhorchten und ihre Fäuste mit einem donnernden »Nein!« auf den Gesetzestisch hauten. Eine Substanz, die einen Menschen potentiell befreit, selbständiger macht und sozialer dazu, das ist wohl zuviel des Guten. Soll er doch lieber Valium oder Librium schlucken, wenn er Probleme hat. Auch die Therapeuten bekamen ihren Wunsch nicht erfüllt, zumindest ihnen einen rechtlich korrekten Weg zum Gebrauch dieser Substanz freizuhalten. (Eine Ausnahme gibt es in der Schweiz, a.a.O. mehr darüber.)

»›Wo kämen wir da hin, warum muß es immer eine Droge sein‹ usw. Typisch der Kommentar einer staatlich angestellten Autoritätsperson aus den USA: ›OK, laßt uns nur mal annehmen, die Typen haben recht, und das Zeug hat wirklich ein enormes therapeutisches Potential. Das ist nur ein Grund mehr, alles erst einmal eingehend zu überprüfen. Wenn sie recht haben, dann ist das alles viel zu wichtig, um es auf die leichte Schulter zu nehmen. Warum soll man sich nicht die Zeit nehmen und alles ordentlich zugehen lassen?‹ Antwortet ein New Yorker Psychotherapeut: ›Warum wir uns nicht die Zeit nehmen können? Werd' ich Ihnen sagen. Weil wir hier jeden Tag Leute in unsere Praxis kommen sehen, von nagender Angst und unsäglichem Schmerz schier zerfressen. Gerade war ich bei einer Familie – sie waren überzeugt, daß ihre Tochter Koks nahm. Ich bin mir sicher, sie tut's nicht. Und sie kamen hier rein und verbreiteten eine derartige Atmosphäre von Blödheit, Zorn, Repression und mißverstandener Verantwortung – ich wollte, ich könnte ihnen die Substanz verabreichen und ihren Schmerz lindern, indem ich ihnen wirklichen Frieden verschaffe, wahrscheinlich das erste Mal in ihrem Leben. Unter dieser Voraussetzung werden Sie mir sicher nachsehen, wenn ich sage: Wen interessieren da noch die Nebeneffekte?‹ Klingt recht verzweifelt und nicht sehr repräsentativ, oder? Aber Stimmen dieser Art lassen sich immer häufiger vernehmen – und schließlich gibt es offensichtlich einen immer größer werdenden Bedarf für ein vergleichsweise harmloses Heilmittel, das imstande ist, die Menschen in unserer nicht gerade gesunden Gesellschaft ohne größere Probleme von den Krankheiten zu kurieren, die eben diese Gesellschaft verursacht.« (*Zusatz von C. Weigle:* Ganz so einfach ist es aber selbst mit MDMA nicht. Man muß trotzdem selber aktiv werden, und das kann oft unangenehm sein.)

»Schon im Jahre 1978 konstatierten die Autoren der ersten pharmakologischen Studie über MDMA, der kalifornische Chemiker Alexander Shulgin – heute einer der drei ersten auf dem Gebiet der MDMA-Forschung – und sein Kollege, Professor David Nichols, daß ›MDMA als eine Substanz beschrieben werden kann, die einen leicht zu kontrollierenden veränderten Bewußtseinszustand hervorruft‹. Seither sind einige Testreihen mit menschlichen Versuchspersonen gelaufen – mit recht ermutigenden Ergebnissen. Und so werden immer öfter Forderungen nach einer massiven Unterstützung eines MDMA-Forschungsprogramms laut – dessen Finanzierungsbedarf von der Pharmaindustrie allerdings auf 40 bis 80 Millionen Dollar geschätzt wird...«

Dennoch reagierte die staatliche Drogenagentur der USA (DEA) schnell und heftig. Sie veranlaßte, daß MDMA 1985 per Notverordnung in die gleiche gesetzliche Kategorie wie Heroin und LSD eingeordnet wurde – also in die Schublade für jene Drogen, die »keinen medizinisch anerkannten Nutzen haben und ein hohes Mißbrauchspotential aufweisen«, so der einschlägige offizielle Diktus. So ist es für den DEA-Sachverständigen Dr. Siegel sonnenklar, daß die »möglicherweise toxisch« wirkende Substanz von unqualifizierten Konsumenten ferngehalten werden muß, desgleichen von Nicht-Medizinern. Er erinnert daran, daß auch das Kokain noch 1970 als

SETTING

Jede psychoaktive Substanz bedarf eines eigens auf sie abgestimmten Settings, um eine optimale Wirkung zu erzielen. Grundsätzlich sind zwei Methoden für das vorliegende Molekül zu empfehlen: 1.) die selbstanalytische Methode (isoliert)
2.) die kommunikative Methode (gemeinsam)
Beide zielen auf eine Verbesserung der Lebensqualität durch intensivierte Selbsterfahrung, unterscheiden sich aber in Set und Setting, wobei Methode 1 eine Vorbereitung zu 2 sein kann und umgekehrt.

Methode 1
Eventuelle Störungen während der Sitzung (ca. 8 Std.) sollten vermieden werden, also Klingel und Telefon abstellen.
Wähle einen angenehmen Raum, in dem man bequem sitzen und liegen kann.
Augenbinde und Kopfhörer sollten vorhanden sein, dazu Musik, die die gewünschten Bewußtseinsbereiche stimuliert (meditative Klänge = Schwebezustände) etc.
Forsche entsprechend persönlicher Neigung.
Dieses "In sich selbst Gehen" kann beliebig unterbrochen werden. Es kann allein oder mit mehreren Leuten stattfinden.

Methode 2
Diese Methode empfiehlt sich für Menschen, die ihrem eigenen Körper und dem ihrer Mitmenschen aufgeschlossen und lustvoll gegenüberstehen.
Die Teilnehmer bereiten sich nach der Einnahme ein Bad. Dies steigert während der ersten Stunde die Wirkung in alle Richtungen. Der Körper entspannt sich, wie bei einem Baby, das sein erstes Bad genießt.
Anschließend ist eine gegenseitige Massage unerläßlich. Hierbei sollte man sich Zeit nehmen und mit der Massage fließen lassen. Für jemanden der glaubt, nicht massieren zu können sei gesagt: "immer mit Gefühl und Kraft die Wirbelsäule aufwärts". Der Rest ergibt sich beim Tun.
Sind diese Grundübungen getan, ist man in der Regel "auf der anderen Seite". Von da an ist alles offen. Zuviel Reden ist der Wirkung des Moleküls entgegengesetzt. Die Kommunikation erfolgt über den emotionalen Bereich.

Die korrekte Dosis beträgt 75 bis 150 mg pro Person.

3-4 Stunden vor der Einnahme sollte nichts Schweres gegessen werden. Alkohol und Tabak sind vor, während und nach der Sitzung unbedingt zu meiden. Bei Einschlafschwierigkeiten nach der Sitzung sind ein Glas Bier oder Wein nicht schädlich.

Es ist dringend zu empfehlen, die erste Sitzung zusammen mit einem erfahrenen Leiter in der sicheren Atmosphäre einer vertrauten Wohnung durchzuführen.

Auf keinen Fall sollte man Bad und Massage, die auch in Methode 1 integriert werden können, auslassen, da sich sonst die Wirkung bis zur Unkenntlichkeit verringern kann.

...Es gibt eine reiche Literatur, die klar gezeigt hat, daß es in einer Vielzahl von Umständen Möglichkeiten gibt, Psychotherapie durch den sorgfältig gewählten und höchst gezielten Gebrauch von psychedelischen Substanzen zu vertiefen, soweit das entsprechend dem legalen und sozialen Klima möglich ist...

...Nun, nach der Arbeit, die wir anfänglich mit Psilocybin durchführten, dann mit LSD und anderen Substanzen, vertraten Leary und unsere Gruppe die Hypothese des "Set und Setting". Diese Hypothese postuliert, daß die Wirkung dessen, was einer Person geschieht, d.h. der Inhalt der Erfahrung einer Person nach Einnehmen der Substanz, abhängt vom "Set", d.h. den Erwartungen, Glaubenssätzen, Motivationen, Persönlichkeit, Wertsystem dieses Individuums. Das "Setting" hingegen würde dem größeren Zusammenhang entsprechen, wie z.B. der physischen und auch sozialen Umgebung, einschließlich der Haltung und des Glaubenssystems des Begleiters oder Leiters der Erfahrung oder der Person, die die Substanz verschaffte...

...Wenn einem Menschen LSD verabreicht wird und man ihm gleichzeitig sagt, daß das eine psychotische Erfahrung bewirken wird, so können wir mit großer Sicherheit erwarten, daß dieser Mensch tatsächlich eine Erfahrung haben wird, die große Ähnlichkeit mit einer psychotischen Erfahrung hat. wenn auch beschränkt auf Dauer. Andererseits, wenn das "Setting" so gestaltet wird, und die Erwartungen der Teilnehmer so ausgerichtet sind, daß die Kreativität angeregt wird, oder daß sie eine religiöse Erfahrung ergeben könnte, dann bestehen gute Aussichten, daß sich eine positive, wohltuende, das Wachstum fördernde Art von Erfahrung einstellt. Gerade das ist bewiesen worden durch die berühmte Studie von Walter Pahnke und die Kreativitätsforschungen, die in Menlo Park durchgeführt wurden von Myron Stolaroff und Willis Harman und anderen mehr...

...Es gibt eine andere Kategorie chemischer Substanzen, die Phenetylamine, MDA, MMDA, XTC (MDMA) und ähnlich genannt werden. Für diese Familie habe ich seit kurzem begonnen, einen anderen Namen vorzuschlagen. Ich möchte für diese Substanzen den Namen Sympathogene vorschlagen. Bisher hat jeder, dem ich diese Bezeichnung erwähnte und der Erfahrungen mit dieser Droge gemacht hat, gefunden, daß sie recht passend sei. Sympathogen bedeuted Sympathie erzeugend. Was diese Substanzen anscheinend bewirken - sie erzeugen nicht etwa Visionen wie LSD , auch nicht das vielschichtige Denken, wie es mit LSD erfahrbar wird - sie erzeugen auch nicht irgendeine besondere Objektivität dem Wirken des eigene Geistes gegenüber - sondern, was sie tatsächlich erzeugen ist Sympathie. Sie erzeugen einen tiefen Zustand von Sympathie sich selbst und anderen gegenüber auf allgemeinster und tiefster Ebene. Ein Zustand von Sympathie entsteht, indem ein Gefühl erfahren wird, daß man selbst, daß andere und die Welt gut sind...

Ralph Metzner: "Psychospirituelle Transformation"
(aus Sphinx Nr. 30, Feb./März 1985)

nicht suchtgefährdendes Allheilmittel ausgegeben wurde und weist darauf hin, daß es heute in den USA rund 10 Millionen Kokser gibt, von denen etwa vier Millionen abhängig seien. Und auch PCP, besser bekannt als »Angeldust«, eine erwiesenermaßen gefährliche Droge, sei zuerst mit großem Enthusiasmus begrüßt worden. »Meines Wissens«, so Dr. Siegel, »ist die Einordnung von MDMA begründet. Sie rührt von Berichten über klinische Probleme her, die durch den weitverbreiteten Mißbrauch der Droge entstanden... und schon habe ich wieder von zwei nachgewiesenen Fällen gehört, in denen PCP als MDMA auf den Straßen aufgetaucht ist.« Und schließlich seien sich ja alle, sogar die Befürworter der Substanz, über die Nebenwirkungen von MDMA einig: Brechreiz, Schwitzen, Austrocknung, erhöhte Herzfrequenz und höherer Blutdruck, verschobene Sicht und Kieferkrämpfe, »so arg, daß sie sich nasse Putzlumpen in den Mund stopfen müssen, um sich nicht in die Wangen zu beißen«, sagt Dr. Siegel besorgt.

Die rigide Maßnahme des DEA sorgte jedoch für ein breites und nicht gerade erleichtertes Echo: es hagelte zunächst einmal empörte Protestschreiben und Anhörungsgesuche. Howard McClain, Chef der Abteilung Drogenkontrolle bei der DEA: »Das hatten wir noch nie. Normalerweise ist es schon recht ungewöhnlich, wenn wir auch nur eine einzige Protestnote bekommen.« Und der DEA-Pharmakologe Frank Sapienza zeigt sich gar überrascht: »Wir hatten ja keine Ahnung, daß Psychiater damit arbeiten.«

Recht nüchtern äußert auch Lester Grinspoon, Harvard-Professor für Psychiatrie und einer der vier ersten Kläger gegen die Einstufung der Droge, seine Bedenken: »Die Regierung mag es wohl kontrollieren, aber es wird niemals vollständig unter Kontrolle geraten. Es wird in den Untergrund gehen, und damit wären wir wieder beim »Räuber-und-Gendarm«-Spielchen angelangt.« Norman Zinberg sieht es gelassen: »Bis in die 50er Jahre hinein hatten wir nicht die Mittel zur Bewußtseinsveränderung, als auf einmal Lithium, die Tricyclica und andere psychotrophe Drogen entwikkelt wurden. Plötzlich wurde es möglich, das Bewußtsein auf viele verschiedene Arten zu verändern. Ich glaube, daß die Zivilisation gerade versucht, herauszufinden, welche Drogen sie institutionalisieren und integrieren kann. Ich glaube, die Zivilisation spielt ein Spiel.«

Der Psychologe Ronald D. Laing fand, daß »es eine Schande ist, daß MDMA kriminalisiert worden ist, denn es hätte durchaus einen Platz auf der Arzneimittelliste verdient. Ich bin sicher, daß es uns erhalten bleiben wird«, fügt er hinzu, »es ist ja so leicht herzustellen...« Außerdem ist es nun in einem Stadium angelangt, in dem es den von allen Mystikern so begehrten Tabu-Status erreicht hat. Es kann also nur noch interessanter werden. Außerdem kann eine Menge Geld damit verdient werden.

Zwei Jahre lang hatten die Psychedeliker der BRD einen Mann im Bundestag: Herbert Rusche. Hier zwei Zitate aus Rippchens *taz*-Kolumne von 1986, zufällig war Herbert gerade im Amt:

»Er hatte beim Bundesministerium für Jugend, Familie und Gesundheit folgende Frage eingereicht: ›Um welche Drogen handelt es sich bei den 38 neuen Stoffen, die ab 1. August 1986 nach Meldung von dpa unter das Betäubungsmittelgesetz fallen sollen, und welche Kriterien führen zu dieser Einstufung?‹

Antwort: ›Bei den 38 Stoffen, die neu in das Betäubungsmittelgesetz aufgenommen werden, handelt es sich zum einen um die vier Stoffe Cathinon, Dimethoxyamphetamin (DMA), Dimethoxyethylamphetamin (DOET) und Methylendioxymethamphetamin (MDMA), ferner um den Stoff Fenetyllin und schließlich um 33 Einzelstoffe aus der Gruppe der Benzodiazepine.

Die jeweilige Einstufung der Betäubungsmittel in der vom Bundeskabinett verabschiedeten Verordnung richtet sich nach den internationalen Kriterien. Das Betäubungsmittelgesetz stellt sicher, daß die unterschiedlichen internationalen Kontrollerfordernisse auch im nationalen Recht in vollem Umfang erfüllt werden. So wurden die zuerst genannten vier Stoffe, die international den strengsten Kontrollvorschriften unterliegen, auch im Betäubungsmittelgesetz als nicht verkehrsfähige Betäubungsmittel der Anlage I eingestuft, während die übrigen Stoffe entsprechend der internationalen Regelung als verkehrs- und verschreibungsfähige Betäubungsmittel in die Anlage III des Betäubungsmittelgesetzes aufgenommen wurden.‹«

Da haben wir den Salat: MDMA wird illegalisiert, ohne daß es dafür einen konkreten Grund gäbe. Unter dem Motto ›Wenn das alle verbieten, dann wir auch.‹ Und alle verbieten es, weil die Amis sich mal wieder durchgesetzt haben.

Die Folge? Schlimmstenfalls wieder ein paar Leute mehr in den Knast. Wobei es da schon wirklich mehr als genug Menschen gibt, die auf Jahre hinweg isoliert sind und sich nicht einmal schuldig fühlen. Kein Kiffer hat doch ein Unrechtsgefühl beim Durchziehen.

»Kurz vor Ladenschluß der zehnten Wahlperiode hat die Bundesregierung eine Anfrage des Abgeordneten Rusche beantwortet. ›1. Welche profunden Erkenntnisse bewegten die Bundesregierung dazu, MDMA unter Anlage 1 des BtMG einzuordnen?‹

›Bei Methylendioxymethamphetamin (MDMA) handelt es sich um einen Meskalin-Amphetamin-Analogstoff, der zu den sogenannten Designer-Drugs gehört. MDMA wurde durch einstimmigen Beschluß der Suchtstoff-Kommission des Wirtschafts- und Sozialrates der Vereinten Nationen vom 11. Februar 1986 in den Anhang I des Übereinkommens von 1971 über psychotrope Stoffe aufgenommen. Für die Bundesrepublik Deutschland ergab sich hieraus die Verpflichtung, MDMA in gleicher Weise als Suchtstoff zu kontrollieren. Diese Verpflichtung hat die Bundesregierung durch die Einstufung von MDMA in die Anlage I des Betäubungsmittelgesetzes (BtMG) erfüllt.‹«

Für die Statistiker nochmals genau in »englischer« Sprache:

»Anon: Verordnung des BAG über Betäubungsmittel und andere Stoffe und Präparate. March 17, 1986. Effective April 22, 1986, MDMA has been entered into the Controlled Law structure of the Narcotics Laws of Switzerland.

Anon: Zweite Verordnung zur Änderung betäubungsmittelrechtlicher Vorschriften. July 23, 1986. Effective July 28, 1986, MDMA was added to the equivalent of Schedule I status, in the German Drug Law. This was in the same act that added cathenone, DMA, and DOET.« (aus: SHULGIN, Annotated Bibliography).

In der Schweiz gibt es jedoch eine Ausnahme von der Regel. Mehr dazu an anderer Stelle.

Wie ist das mit dem Strafmaß für die Herstellung und Verbreitung von MDMA?

Das ist nicht so einfach zu beantworten, da mir keine spezielle MDMA-Statistik vorliegt – wahrscheinlich gibt es sie auch nicht. Dem Gesetz nach wird geurteilt wie bei Heroin, ohne daß es Erfahrungswerte gibt, was z. B. eine »nicht geringe Menge« ist.

Mit Sicherheit können sich die Verantwortlichen der Firma Imhausen, bekannt durch ihre Giftfabrik in Lybien, nicht auf diese Gesetzesformulierung zu ihrer Entlastung berufen. Immerhin haben sie versucht, 1.300.000 Pillen zu verkaufen. Mindestens 400.000 Trips fanden mit Sicherheit ihren Weg auf den freien Markt – so die Ermittlungsbehörden. Imhausen-Chef Jürgen »Hippi« Hippenstiel, der letzthin wegen seiner Rolle im Libyengeschäft und anderen rechtlichen Unregelmäßigkeiten verknackt wurde, »wußte von nichts« und wurde nicht einmal deswegen angeklagt. Ich will ja nicht deswegen protestieren, aber es ist mehr als schändlich, daß Jungs und Mädels, die Kleinmengen in ihrer Küche gekocht haben, dafür eingebuchtet wurden. Also wirklich.

Hier ein paar Zitate über »Hippis Cadillac« aus dem *Spiegel* (Nr. 36/1989, S. 106ff):

»DEAL MIT CADILLAC. Die Firma Imhausen, wegen Giftgasgeschäften mit Libyen in Verruf, hat große Mengen einer Chemo-Droge illegal in den Handel gebracht ... Luftdicht verpackt fanden sich in den Behältern 900.000 weiße Tabletten, fertig zum Verkauf: Trips mit dem synthetisch hergestellten Drogenstoff Methylendioxymethamphetamin (MDMA), in der Rauschgiftszene unter den Namen ›Ecstasy‹, ›XTC‹, ›Cadillac‹ und ›Adam‹ bekannt; Schwarzmarktwert: rund 30 Millionen Mark ...

Den Amsterdamer Stoff hatten sich zwei Amerikaner bestellt, die nach Ansicht der Ermittler als Strohmänner von Großhändlern fungierten. Die Produktion hatte ein deutsches Unternehmen aus der Pharma-Branche besorgt: die Imhausen Chemie GmbH im badischen Lahr, wegen mutmaßlicher Beteiligung an Planung und Bau einer Giftgasfabrik im libyschen Rabita seit acht Monaten international in Verruf. Eine kleine Firma im oberbayerischen Traunreut preßte die Substanz in Tablettenform.

Seit Aufdeckung der Drogenaffäre im Februar sitzt der US-Bürger Morris Key in Texas mit Unterbrechung in Haft; der amerikanische Rechtsanwalt C. F. Sandy Pufahl wurde in Lahr verhaftet. Auch ein Prokurist der Firma Imhausen wurde festgesetzt, auf Beschluß des Oberlandesgerichts Karlsruhe aber nach drei Monaten wieder freigelassen. Der Chefchemiker des Betriebs blieb auf freiem Fuß. Geschäftsführer Hans-Joachim Renner versuchte sich das Leben zu nehmen – er schluckte hochgiftigen Orchideen-Dünger. Seither ist er krank und noch nicht vernehmungsfähig.

Nur der damalige Imhausen-Boß Jürgen (›Hippi‹) Hippenstiel, 48, der seit vier Monaten wegen des Rabita-Geschäfts in Untersuchungshaft sitzt, scheint diesmal aus dem Schneider ...

Daß sich die Amerikaner in der Bundesrepublik umtaten, hat nicht nur mit dem weltweit guten Ruf der Chemie- und Pillenbranche zu tun. In kaum einem anderen Land dürfen die Grundstoffe für Rauschgifte ohne gesetzliche Beschränkungen hergestellt werden: Die Bundesegierung hat sich bisher, mit Rücksicht auf die starke Pharma-Lobby, nicht dazu durchgerungen, die Basissubstanzen in die Drogenliste des Betäubungsmittelgesetzes aufzunehmen ...

Imhausen lieferte trotzdem. Im Spätsommer letzten Jahres begannen die beiden Amerikaner sogar, das Geschäft auszubauen: Nun orderten sie statt der Vorläufersubstanz PMK gleich die fertige Droge MDMA – exakt 169,9 Kilogramm in Pulverform.

Daß damit in großem Stil ein synthetisches Rauschmittel produziert wurde, will keiner der Lahrer Pharma-Experten gewußt haben. Es sei ihnen voriges Jahr, redet sich das Unternehmen heraus, gar nicht bekannt gewesen, daß ›MDMA neuerdings in die Betäubungsmittelliste aufgenommen war‹ ... «

Für den normalen User ist rechtlich der Begriff der »nicht geringen Menge« relevant. Alles, was darüber liegt, kann und wird als »Handelsware« klassifiziert und zieht entsprechend empfindliche Strafen nach sich.

Laut der Presseagentur AP hat sich die Pressesprecherin des Bundeskriminalamtes dahingehend geäußert, daß 23 Gramm im Sinne des Betäubungsmittelgesetzes nicht mehr als »geringe Menge« zählen. Wer mit kleineren Mengen angetroffen würde, könne mit Strafnachlässen wegen Eigenbedarf rechnen. Selbige Sprecherin berichtet auch von einigen MDMA-Konsumenten, die gestorben seien – ohne da nähere Angaben zu machen.

Im Beck'schen Kommentar zum Betäubungsmittelgesetz von H. H. Körner heißt es in der neuen 3. Auflage: »Bei der MDMA-Zubereitung beginnt die nicht geringe Menge nach Auffassung des LG Stuttgart (Urteil vom 9.3.1989 – 12 KLs 314/88 = NStZ 1989, 326 ff.) bei einem Wirkstoffgehalt von 24 g MDMA-Base.«

Konkret heißt das, daß bis zu 200 Trips durchschnittlicher Stärke noch als »Eigenbedarf« gelten.

Welche Erfahrungen hast du selber mit MDMA gemacht – oder ist der Verfasser Ronald Rippchen ein reiner Buch-Theoretiker?

Oh, pardon. Ja, ich habe dreimal einschlägige Erfahrungen gemacht. Selbstverständlich in der Zeit, als der Genuß von MDMA noch nicht illegal war. Ich habe auch schon an legalen Psychedelika-Versuchen teilgenommen. Dabei ging es um Vitamin K (Ketamin/Ketanest) und LSD. Aber das sind andere Geschichten.

Während der Schwangerschaft und Stillzeit meiner Frau habe ich mich solcher Substanzen solidarisch enthalten. Als wir dann gemeinsam MDMA nehmen wollten, war uns klar, daß dies parallel mit der Entstillung unserer Tochter einhergehen sollte. So nahmen wir die Substanz zu uns und verbrachten eine aufregende Zeit gemeinsam in der Badewanne. Jedesmal, wenn die Tochter nach der Brust schnappte, gossen wir Wasser aus der Wanne darüber, so daß sie immer prustend und lachend aufgeben mußte, die Milchquelle anzuzapfen. Dieses Spiel ging recht lang, aber nach dem Bad war allen definitiv klar, daß eine Phase in diesem Kinderleben abgeschlossen war. Im Vergleich zu anderen Kinderentstillungen sehr harmonisch und lustig. OK, das mag anderen Eltern auch ohne Hilfe von MDMA gelungen sein. Wir hätten es ohne MDMA nicht so gut geschafft.

1985 hatten wir einmal Kontakt zu einem Chemiker, der MDMA missionarisch verschenkte, auch an Fremde, wenn sie bestimmte Kriterien erfüllten. Einer dieser »Fremden« besuchte mich im Herbst 1989 ganz überraschend. Ich saß gerade vorm TV und nahm den Musikfilm »Otis Redding live in Monterey«, für mich ein absoluter Musikfilmleckerbissen, auf Video auf. Mein neuer Bekannter kam mit einer jungen Dame. Er erzählte, daß sie sich schon lange kennen würden, aber erst vor drei Tagen habe er jenes MDMA-Geschenk von damals aus dem Kühlschrank geholt und mit eben dieser Dame genommen & genossen, und nun seien sie verliebt wie nie und sie seien nun 500 km gefahren, um »danke« zu sagen. Es mag sich kitschig lesen, aber noch heute bekomme ich eine Gänsehaut, wenn ich an jene Otis-Redding-Aufnahmen auch nur denke (und vor allem wenn ich sie sehe). Denn während ich diese Geschichte erzählt bekam, sang er das Stück »Shake«. Und noch heute sieht man die »aktuelle Einblendung« als Lauftext: »Die Volkspolizei hat mit dem Abbruch der Mauer begonnen...« Richtig, all dies geschah am 9. November, when the walls came tumbling down.

Und wenn wir schon bei diesem Thema sind, möchte ich auch auf den Beitrag von Nina Hagen in dem Buch *Tänzerinnen zwischen Himmel und Hölle – Frauen erzählen ihre Rauscherfahrungen* (Der Grüne Zweig 136) aufmerksam machen. Dort erzählt sie ihre Vision, zusammen mit Erich Honecker MDMA genommen zu haben. Die »Wiedervereinigung« hätte einen ganz anderen Verlauf genommen.

Ronald Rippchen

Risikobewertung des Ecstasy-Gebrauchs

Die Berichte in den Medien lassen darauf schließen, daß der Gebrauch (oder »Mißbrauch«) von Ecstasy hochriskant ist, vergleichbar einem »russischen Roulette«. Welches ist das Risiko, und wie hoch ist es im Vergleich zu anderen Aktivitäten?

Das Risiko, infolge einer Tätigkeit zu sterben, wird definiert als Zahl der Ereignisse pro Todesfall. Zwei Zahlen werden benötigt: die Anzahl von Gelegenheiten, zu denen an der Betätigung teilgenommen wird und die Zahl daraus resultierender Todesfälle. Solche Statistiken sind von vielen sportlichen Betätigungen her gut bekannt, aber beim Gebrauch illegaler Drogen sind die Zahlenwerte umstritten.

Die Anzahl Todesfälle, die von den Medien dem Ecstasygebrauch im Vereinten Königreich zugeschrieben werden, beträgt etwa 50. Einige Leute behaupten, daß die tatsächliche Zahl viel höher liegt, da viele Ecstasy-Todesfälle fälschlich anderen Ursachen zugeschrieben werden. Andere behaupten, Ecstasy sei der bevorzugte Sündenbock der Medien für ungeklärte Todesfälle unter jungen Leuten, und daß viele Todesfälle in der Tat anderen Drogen zuzuschreiben seien. Die Zahl der Todesfälle, von denen medizinisch bestätigt ist, daß sie auf Ecstasy alleine zurückzuführen sind, liegt bei wenier als 20. Die Zahl, die ich hier verwende, ist ein Durchschnitt von fünf Toten pro Jahr.

Die Zahl der Ecstasyeinnahmen im Vereinigten Königreich ist noch unsicherer, die Schätzungen reichen von 100.000 pro Woche bis hin zu mehreren Millionen. Eine Million pro Woche wird oft angeführt (auch auf einem Treffen des Innenministeriums, dem ich neulich beiwohnte), aber nur wenige gehen von weniger als 500.000 pro Woche aus. Das macht 26 Millionen pro Jahr.

Das Sterbefallrisiko durch die Einnahme von Ecstasy liegt daher bei 5 zu 26 Millionen oder 1 zu 5,2 Millionen oder 1 zu 10,4 Millionen, nimmt man die häufig zitierte Zahl von einer Million Einnahmen pro Woche.

Wie sieht nun der Vergleich mit anderen Aktivitäten aus? Vom Alkohol wurde in einem kürzlich erschienenen Bericht behauptet, daß er mehr Todesfälle in der gleichen Altersgruppe verursache (Alcohol and the Young, von Professor Turnberg vom Royal College of Physicians). Allerdings wurde argumentiert, daß Todesfälle infolge von Alkohol oder auch Heroin mehr Warnzeichen vorausgehen als bei Ecstasy, daß Ecstasy also gefährlicher sei, weil es auf unvorhersagbare Weise zuschlage.

Ich vergleiche das Risiko gerne mit dem des Reitens. Dies ist eine Freizeitaktivität, die von der gleichen Altersgruppe, die auch Ecstasy nimmt, unternommen wird, bei der auch Todesfälle und bleibende Behinderung auf unvorhersagbare Weise vorkommen können. Regierungsstatistiken (OPCS Monitor DH4 92/4) geben hier das Todesfallrisiko mit 1 zu 3,3 Millionen Fällen an. Das ist signifikant riskanter als die Einnahme von Ecstasy. Die Risiken beim Fallschirmspringen, beim Drachenfliegen und beim Skilaufen sind alle vielfach höher. Ein überraschender Vergleich ist der mit dem Angeln. Der gleiche Bericht setzt hier das Risiko mit 1 Tod je 4,5 Millionen einzelner Aktivitäten an.

Schließlich sollte dies noch keine Zufriedenheit auslösen. Das Risiko aus all diesen Aktivitäten kann reduziert werden, indem man entsprechende Vorsichtsmaßnahmen ergreift und auf sich selbst und seine Freunde aufpaßt. Im Fall von Ecstasy bedeutet dies, keinen Alkohol oder andere Drogen zu sich zu nehmen, besonnen zu bleiben und zwanghaftes Verhalten zu vermeiden, sei es andauerndes Tanzen oder das Trinken von zuviel Wasser.

Nicholas Saunders

Zur Pharmakologie von MDMA

Allgemeines zur Neurochemie:

Zum besseren Verständnis der Wirkungsweise psychoaktiver Substanzen wollen wir zunächst einmal allgemeine Überlegungen anstellen, wie Psychopharmaka auf zellulärer, neurochemischer bzw. neurophysiologischer Ebene wirken.

Eine Nervenzelle, sei es im Gehirn oder Rückenmark, überträgt ihre Information entlang ihres unglaublich langen Fortsatzes in Blitzesschnelle auf elektrischem Wege. Zur Übertragung auf eine andere Nervenzelle oder zum Erfolgsorgan, wie z. B. einem Muskel, wird dieser elektrische Impuls durch einen chemischen Überträgerstoff übertragen. Dieser Wirkungsstoff = Neurotransmitter wird am Ende der Nervenzelle chemisch hergestellt, in Bläschen bereitgehalten und auf einen elektrischen Reiz hin in den Spalt zwischen den beiden Nervenendigungen freigesetzt. Wenn dieser Neurotransmitter auf den Empfänger wie ein Schlüssel zum Schloß paßt, so wird die Erregung auf einen anderen Nerven übertragen. Damit keine Dauererregung dieses Empfängers bzw. Rezeptors auftritt, wird der Neurotransmitter chemisch umgewandelt und/oder vom Sender wieder in die Bläschen zurückgenommen und gespeichert bis zur nächsten Erregung.

Dies ist in vereinfachter Form die Funktion der Schaltstelle zwischen den Nervenendigungen, der sogenannten Synapse. Jede einzelne Nervenzelle hat zahlreiche solcher Synapsen, mit der sie mit anderen Nerven in Verbindung steht und von denen sie erregende oder hemmende Impulse erhält.

Ein kompliziertes Netzwerk, das noch dadurch komplizierter wird, daß es, wie man heute weiß, etwa 10 verschiedene solcher Transmittersubstanzen gibt, die in ganz verschiedenen Gehirngebieten erregend, in anderen wieder hemmend wirken können.

Transmitter sind also Substanzen, die in einem Neuron synthetisiert und gespeichert werden, durch Nervenaktivität ausgeschüttet, von der postsynaptischen Membran spezifisch gebunden werden (= Rezeptor) und dort die Aktivität der postsynaptischen Zelle im Sinne einer Erregung oder Hemmung beeinflussen. Die wichtigsten Transmitter, die bei der Wirkung von psychoaktiven Substanzen eine Rolle spielen, sind Serotonin, Noradrenalin, Adrenalin, Dopamin, Acetylcholin, GABA und Glutamat. Für die wichtigsten Transmitter Serotonin, Acetylcholin, Noradrenalin und Dopamin sind mindestens zwei verschiedene Rezeptoren bekannt, die unterschiedliche Wirkungen hervorrufen.

Kompliziert wird dieses System noch dadurch, daß alle Überträgerstoffe und -systeme tages- und jahreszeitlichen Schwankungen unterworfen sind und sich immer im Gleichgewicht befinden müssen. Selbst wenn man nur einen einzigen Neurotransmitter beeinflußt, hat dies Auswirkungen auf viele andere, die sich dann wieder einpendeln müssen.

Bei bestimmten seelischen Erkrankungen, wie z. B. Depressionen, weiß man heute ungefähr, welche Transmittersysteme vorwiegend in Unordnung geraten sind, und man kann sie durch Psychopharmaka (natürlich nicht nur dadurch, sondern auch mittels anderer Einflüsse auf die Psyche, wie Psychotherapie oder Musik usw.) beeinflussen.

Dieses komplizierte Netzwerk erklärt, warum wir jetzt noch weit davon entfernt sind, sämtliche Zusammenhänge über die Wirkungsweise der Psychopharmaka zu verstehen.

Wir wissen aber, daß Substanzen, die einen Einfluß auf das Nervensystem haben sollen, bestimmte Bedingungen erfüllen müssen, um eine Wirkung zu erzielen. Sie müssen über die Blutbahn an den Wirkungsort transportiert werden und die Blut-Hirn-Schranke überwinden. Dann erst können sie auf vielfältige Weise wirken, z. B. indem sie selbst chemisch mit einem Überträgerstoff verwandt sind und vom Rezeptor mit diesem verwechselt werden, oder daß sie die Herstellung des Neurotransmitters bzw. dessen Abbau im synaptischen Spalt hemmen oder indem sie die Wiederaufnahme in die Bläschen verhindern.

Wenden wir uns jetzt der Wirkung psychoaktiver Substanzen zu, die auch Psychotomimetika genannt werden. (Oft wird dafür auch der Überbegriff »Halluzinogene« verwendet, der jedoch fälschlicherweise vorgibt, daß alle Substanzen Halluzinationen hervorrufen. Dies ist aber nicht der Fall, sodaß man von diesem Begriff Abstand nehmen sollte.)

Hierbei können wir eine Einteilung nach der Ähnlichkeit mit Neurotransmittern vornehmen. So gehören z. B. Psilocybin und andere Tryptamine, auch LSD, in die Serotoningruppe, während die Amphetamine und Meskalin der Dopamingruppe angehören. Allerdings, wie bereits oben erwähnt, betrifft selbst eine isolierte pharmakologische Wirkung eines Transmittersystems indirekt auch alle anderen Systeme, was Wirkungsüberschneidungen erklärt.

Im Nachfolgenden soll MDMA (3,4-methylen-dioxymethamphetamin) näher beschrieben werden, das chemisch mit Dopamin verwandt ist und zu den Phenylisopropylaminen gehört. Es ist oral aktiv und weist eine hohe pharmakologische Potenz auf. Es sind mittlerweile sehr viele ähnliche Mittel bekannt, die aber noch keine wesentliche Verbreitung gefunden haben.

Da MDMA chemisch relativ einfach herzustellen ist, wurde es bereits Anfang des Jahrhunderts synthetisiert und von der Firma Merck 1912 zum Patent angemeldet und auch patentiert. Zunächst wurde der Substanz keine besondere Aufmerksamkeit zuteil, weil man auf der Suche nach Schmerz- und Kreislaufmitteln war. So geriet sie lange Zeit in Vergessenheit. Erst 1953 wurden von der US-Armee ausgedehnte Tierversuche unternommen und veröffentlicht. Seit damals ist bekannt, daß MDMA besonders für Hunde relativ toxisch ist und 14 mg/kg für die Hälfte der Hunde tödlich wirkt. Bei Ratten, Mäusen, Meerschweinchen und Affen war die LD 50* sehr viel höher. Bei Menschen ist bisher noch keine letale Dosis beschrieben worden.

Kontrollierte Studien am Menschen fehlen bislang, obwohl zur Zeit in den USA an einem Pilotprojekt gearbeitet wird und eine ganze Flut von subjektiven Erfahrungsberichten von Menschen vorliegen, die die Substanz unter kontrollierten Bedingungen, unter Anleitung erfahrener Psychiater oder Psychologen eingenommen haben. Erst Ende der 60er Jahre wurde die psychotrope Wirkung wiederentdeckt und Ende der 70er Jahre vermehrt eingesetzt, bis MDMA dann in den USA auch auf dem illegalen Drogenmarkt erschien und deshalb dort 1985 für den allgemeinen Gebrauch und die Forschung verboten wurde.

* LD = letale (zum Tod führende) Dosis, 50 = bei 50% der Probanden.

Spezielle Neurochemie von MDMA:

MDMA weist strukturchemisch große Ähnlichkeiten mit Adrenalin auf, nur daß es von der Monoaminooxydase nicht so schnell abgebaut werden kann und somit länger wirkt als Adrenalin selbst. Die gleiche Ähnlichkeit besitzt MDA mit Noradrenalin. Beide gehören zu der Gruppe der Phenylisopropylamine, wobei MDA die Muttersubstanz von MDMA ist und neben der psychotomimetischen Wirkung auch Halluzinationen hervorruft.

Wir wollen hier kurz die Wirkung von Adrenalin, dem körpereigenen Hormon der Nebennierenrinde, beschreiben, damit wir die körperlichen Nebenwirkungen von MDMA besser verstehen hönnen:

Adrenalin ist der Hauptakteur im sympatho-vegetativen Nervensystem und wirkt erregend mit allgemeiner Steigerung der Leistungsfähigkeit des Organismus, d. h. es setzt den Körper quasi in Alarmbereitschaft. Adrenalin wird üblicherweise ausgeschüttet bei Streß, Angst, aber auch bei intensiver Freude. Es kommt dann zu einer Blutdrucksteigerung, Pupillenerweiterung, Steigerung der Herzfrequenz, Bronchienerweiterung, Drosselung der Darmtätigkeit, Verengung der Hautgefäße, erhöhter Wachheit, motorischer Unruhe, Tremor, verstärktem Atmen, Erhöhung des Grundumsatzes des Stoffwechsels und des Sauerstoffbedarfs der Gewebe.

Das Amphetamin und seine zahlreichen Abwandlungen, zu denen auch MDMA gehört, sind Verwandte des Adrenalins. Neben den oben beschriebenen deutlichen peripheren Nebenwirkungen stimulieren diese »Weckamine« das Zentralnervensystem, in welches sie im Gegensatz zu den körpereigenen Sympathomimetika gut eindringen können. Sie setzen aus den Speichern (Bläschen) adrenerger Nervenendigungen Noradrenalin und auch Dopamin frei, was den psychogenen Effekt erklärt und auch, daß es nach längerfristiger Amphetamineinnahme bzw. -mißbrauch zu schizophrenieähnlichen Symptomen kommt (Dopaminwirkung). Bei den psychotomimetischen Amphetaminen, z. B. MDA, sind normalerweise die linksdrehenden Moleküle Träger der Hauptwirkung, während es bei MDMA die rechtsdrehenden sind. Dadurch unterscheidet sich MDMA pharmakologisch, trotz der chemischen Ähnlichkeit, deutlich vom MDA. Auch gibt es keine Kreuztoleranz zwischen den beiden Substanzen und auch keinen additiven Effekt bei gleichzeitiger Einnahme. Bei Ratten fand man, daß das linksdrehende Isomer von MDMA einen direkten Effekt am Rezeptor hat, während das rechtsdrehende Isomer einen Transmitter in den Spalt freisetzt und zwar überraschenderweise Serotonin. Noch ist nicht genau bekannt, wie die spezifische psychogene Wirkung zustande kommt, die MDMA vom Adrenalin und Amphetamin unterscheidet. Im Gegensatz zu MDA hat es auch keine halluzinatorische Wirkung. Hauptsächlich sind für die Wirkungsweise von MDMA adrenerge und serotonerge, weniger dopaminerge Effekte im Zentralnervensystem und in der Peripherie verantwortlich.

Neurotoxizität:

Ende der 80er Jahre erschienen die ersten Berichte von Wissenschaftlern (z. B. Ricaurte, Battaglia u. a.) in den USA, die bei bestimmten Tierarten, zunächst bei Ratten, von Nervenzelluntergängen im Serotoninsystem berichteten. Später konnten sie solche Effekte auch bei Affen nachweisen, sogar bei einer einzigen Dosis. Man schloß daraus auf eine irreversible toxische Schädigung, die das Verbot von 1985 nur bestätigte. Hier ist kritisch anzumerken, daß diese Untersuchungen von den Gesundheitsbehörden der USA zu dem Zweck gemacht wurden, die Gefährlichkeit von MDMA zu beweisen und dessen Verbot zu stützen. Die angewandten Dosierungen waren sehr hoch, die Nachuntersuchungen zu kurz bemessen und die Interpretation der Ergebnisse zu scharf formuliert. Es wurde etwas vorschnell von irreversiblen Schädigungen gesprochen und die Ergebnisse direkt auf den Menschen übertragen, obwohl bekannt ist, daß gerade MDMA bei verschiedenen Tierarten extrem unterschiedlich giftig ist. Die späteren Forschungsergebnisse zeigten, daß sich die Nervenzellen nach 6 Monaten bis zu einem Jahr teilweise wieder erholen, sie also doch nicht ganz abgestorben sein können, sondern lediglich für einen längeren Zeitraum ihren Dienst einstellen (sogenannte »schlafende Zellen«). Untersuchungen am Menschen zur Neurotoxizität stehen noch aus und werden wohl auch noch längere Zeit auf sich warten lassen, weil weltweit mit dem absoluten Verbot die Forschung nahezu verunmöglicht wird. Notwendige Ausnahmegenehmigungen werden mit dem Grund zurückgewiesen, daß eben wegen der bisherigen Ergebnisse es ethisch nicht zu vertreten sei, am Menschen ein Forschungsprojekt durchzuführen. Hier beißt sich die berühmte Katze in den Schwanz!!!

Auf diese Weise wird deutlich, wie man politisch unerwünschte Forschungsprojekte verhindern kann. Der deutschen Forschungsgemeinschaft »Entactogene«, der ich angehöre, ist es jedenfalls trotz mehrerer Anläufe nicht gelungen, eine Genehmigung zu erhalten, um die ersten Schritte zur Zulassung von MDMA als Medikament einzuleiten.

Dies erscheint umso willkürlicher, als weltweit grob geschätzt etwa 500.000 Menschen bisher MDMA legal und illegal eingenommen haben und es dabei nur zu einer Handvoll schwerer toxischer Erscheinungen kam; auch traten nach Jahren keine sichtbaren toxischen Nachwirkungen auf.

Ein amerikanisches Forschungsprojekt zur Toxizität ist in der Schweiz geplant, weil dort als bisher einzigem Land auf der Welt einige Ärzte offiziell noch die Erlaubnis haben, Patienten mit MDMA zu behandeln. Ob dies aber angesichts der weltweiten Drogenhysterie auch weiterhin möglich sein wird, ist zweifelhaft.

Wirkungsweise auf Menschen:

Die Wirkung setzt zuerst peripher mit einer Erregung des sympatho-vegetativen Nervensystems, vorwiegend in Herzhöhe ein. Nach oraler Einnahme wirkt MDMA oft schnell und abrupt bereits nach 15 bis 20 Minuten. Es kann jedoch auch mehr als eine Stunde dauern, wenn unbewußte oder bewußte Blockaden vorliegen.

Die Wirkung beginnt mit einer Beklemmung über der Brust und einem Druck, begleitet von schnellerem Herzschlag und Atmen und leichter motorischer Unruhe. Falls man auf diese Symptome mit Angst reagiert, können sie sich zu einem Hyperventilationssyndrom ausweiten. Andernfalls gelangt man in einen Zustand der Ruhe und des inneren Friedens, »das Herz geht einem auf«; man empfindet zu sich und seiner Umwelt ein Gefühl tiefer Liebe.

Das Wachbewußtsein ändert sich meist in Richtung Absinken der Vigilanz bis zu einem tranceartigen passiven Zustand, der aber auch übergehen kann in eine Vigilanzsteigerung und Aktivität, sowohl geistig als auch körperlich. Sinneswahrnehmungen werden nur quantitativ verändert, nicht qualitativ. Das Sehvermögen wird meist etwas verschlechtert in Form von verschwommenem Sehen, auch das Hörvermögen nimmt ab, ist weniger präzise (ähnlich wie unter Wasser). Selten tritt aber auch das Gegenteil ein.

Das Berührungsempfinden dagegen nimmt stark zu, bei gleichzeitiger Abnahme der Schmerzempfindlichkeit (analgetischer Effekt). Streicheln wird z. B. als äußerst angenehm empfunden. Geruchssinn und Geschmack werden leicht vermindert, bei völliger Appetitlosigkeit.

Während der Hauptwirkung, die ca. drei bis vier Stunden anhält, zeigt sich anfangs eine zentrale Kreislaufdysregulation mit leichter Benommenheit, Nystagmus, Schwindel und Koordinationsstsörungen mit ungezielten Bewegungen und Stereotypien. Der Muskeltonus ist oft leicht erhöht mit Verkrampfung der Kaumuskulatur und leichtem Beißen auf die Zunge und Wangenschleimhaut (was jedoch meist psychische Hintergründe hat). Wegen der Schmerzunempfindlichkeit wird dies jedoch erst am Ende der Sitzung wahrgenommen.

Weiterhin treten charakteristische Veränderungen des Gedächtnisses auf, wobei das Kurzzeitgedächtnis eher etwas verschlechtert wird, während das Langzeitgedächtnis enorm verstärkt wird. Besonders lange zurückliegende verdrängte Gedächtnisinhalte angenehmer wie auch unangenehmer Art werden aktiviert und gleichzeitig kommentiert. Fehler, die man selbst gemacht hat, oder Ungerechtigkeiten, die einem z. B. von den Eltern zugefügt worden sind, werden deutlich erinnert und können verziehen werden.

Es treten keinerlei Wahnvorstellungen und Halluzinationen auf, auch keine Zwangshandlungen.

Während der gesamten Sitzung verbleibt man in einem Zustand wohliger Wärme, verbunden mit stärkerem Schwitzen. Es tritt eine Dehydration, d. h. Entwässerung auf, sowohl durch Schwitzen als auch durch verstärkte Diurese. Daher muß im Anschluß an die Sitzung auf ausreichendes Trinken geachtet werden.

Während sich die meisten Menschen während der vierstündigen Hauptwirkung eher passiv verhalten, kann bei manchen auch eine starke körperliche Aktivität auftreten mit Bewegungsdrang bis hin zur sportlichen Aktivität. Diese ist jedoch erst in der zweiten Wirkungsphase nach ca. zwei Stunden möglich, weil dann die zentrale Kreislaufstörung nachläßt.

Auch eine Veränderung des sexuellen Empfindens ist häufig zu beobachten: Das Gefühl des (Neu-) Verliebtseins mit verstärkter Berührungsempfindung läßt eine intensive Begegnung zweier Menschen zu, wobei Zärtlichkeit die dominierende Rolle spielt. Der eigentliche sexuelle Akt ist dabei zweitrangig und wird auch selten so intensiv erlebt, weil Orgasmus und Ejakulation kaum oder nur erschwert möglich sind. Trotzdem ist eine körperliche Vereinigung meist sehr beglückend.

Nebenwirkungen:

Diese erklären sich hauptsächlich aus den bereits oben beschriebenen Wirkungen von Adrenalin und Noradrenalin im vegetativen Nervensystem.

Allgemein ist zu bemerken, daß der Adrenalinspiegel mit seiner anregenden sympathomimetischen Wirkung erheblichen tageszeitlichen Schwankungen unterliegt und bei den meisten Menschen morgens und am späten Nachmittag am höchsten ist. Zu diesem Zeitpunkt verabreicht, ist bei MDMA mit den wenigsten Nebenwirkungen zu rechnen, da der Körper sowieso mit einer erhöhten Adrenalinausschüttung rechnet und darauf eingestellt ist.

Nachwirkungen:

Was die Nachwirkungen betrifft, wollen wir vor allem auf die körperlichen Symptome eingehen und die psychischen und psychologischen Nacheffekte nur am Rande erwähnen.

Nach dem relativ abrupten Abklingen der Hauptwirkung gelangt man meist in einen Zustand körperlicher Erschöpfung und gesteigerten Ruhebedürfnisses. Dieser Zustand hält mehr oder weniger stark ausgeprägt bis zu zwei Tagen danach an; es scheint, als brauche der Körper diese Zeitspanne, um die geleerten Energiespeicher wieder zu füllen. Manche Menschen klagen jedoch trotz dieser Müdigkeit über schlechteren Schlaf oder sogar Schlaflosigkeit. Während der Appetit direkt nach der Sitzung und am darauffolgenden Tag vermindert ist, neigt man zu größerem Durstgefühl, um den Flüssigkeitsverlust durch die Dehydration während der Sitzung zu kompensieren.

Am ersten Tag nach der Einnahme werden außerdem häufig noch leichte Kreislaufstörungen beschrieben.

Die psychischen Nachwirkungen hängen natürlich sehr von dem in der Sitzung Erlebten ab. Die innere Öffnung bleibt jedoch noch Tage, mit abnehmender Intensität auch bis Wochen danach erhalten. Außerdem besteht die Möglichkeit, daß der Betreffende noch tagelang innere Monologe mit sich selbst führt, bzw. nach einer therapeutischen Sitzung Dialoge mit dem Therapeuten. Sowohl die psychischen als auch die physischen Nebenwirkungen implizieren noch mindestens einen Tag nach der Sitzung, sich nicht mit dem Berufsalltag oder sonstigen Belastungssituationen zu konfrontieren. Auch sollten an den Tagen nach der Einnahme keine weitreichenden Entscheidungen gefällt werden. Es ist gut denkbar, daß durch die therapeutische Anwendung von MDMA günstige psychologische Langzeitwirkungen auftreten, wie z. B., daß man bestimmte Gewohnheiten ablegt, einen besseren Umgang mit Problemen erlernt und nicht zuletzt sich selbst mit allen Fehlern und Schwächen anzunehmen versteht.

Dosis:

Es scheint für die spezifische MDMA-Wirkung eine Schwellendosis zu existieren, die je nach individueller Empfindlichkeit etwa bei 75 bis 100 mg liegt. Bei Frauen liegt die Schwelle im allgemeinen deutlich niedriger als bei Männern (ca. 1/4). Die am häufigsten angewandte Dosis liegt zwischen 100 und 150 mg. Manche Therapeuten verabreichen eine zweite Dosis von 50 mg nach ca. eineinhalb Stunden, um die Wirkung zu verlängern und zu intensivieren. Bei Dosierungen über 150 oder 200 mg (auch 300 mg wurden bereits gegeben) überwiegen die körperlichen Nebenwirkungen. Ein zusätzlicher therapeutischer Effekt ist nicht zu erwarten.

Die therapeutische Breite, d. h. der Bereich, in dem gerade ein Wirkungseffekt eintritt bis zum Auftreten von toxischen Erscheinungen, ist bei MDMA gering, so daß also genau dosiert werden muß und die Dosis exakt bekannt sein muß. Dies ist bei Schwarzmarktsubstanzen praktisch nie der Fall! Zudem entstehen bei der Herstellung von MDMA leicht Verunreinigungen, die alle erheblich toxischer sind als bei LSD. Daher hier nochmals eine ausdrückliche Warnung vor unkontrollierter Selbsteinnahme dieser Substanz!

Wegen der beschriebenen größeren Neurotoxizität im Vergleich zu anderen Substanzen wie LSD, Meskalin, 2 CB usw., sollte man die Dosis so gering wie möglich wählen. Andererseits muß man jedoch auch sicher die Wirkungsschwelle überschreiten, eine Forderung, die nicht immer auf Anhieb gelingt und eventuell eine zweite Sitzung notwendig macht.

Wichtig ist zu bemerken, daß es sich also immer um eine einzelne Dosis handelt, nie um eine regelmäßige tägliche Einnahme wie sonst bei Psychopharmaka üblich.

Optimal ist es, nach jeder Einnahme mindestens vier bis sechs Wochen zu warten, da erst dann wieder mit der vollen Wirkung zu rechnen ist (Ausbalancierung des veränderten Neurotransmittergleichgewichts).

Überdosierung:

Eine Überdosierung, die besonders bei Frauen schnell auftreten kann, erkennt man in der Hauptwirkung nach ca. einer Stunde am Auftreten von zentralen Kreislaufstörungen mit starkem Schwindel, ständigem Erbrechen, Augenzittern, extremem Schwitzen, weiten, trägen Pupillen und Muskelkrämpfen. Wenn alle diese Symptome gemeinsam auftreten und nicht nach wenigen Minuten aufhören, sollte rasch ein Arzt hinzugezogen werden.

Indikationen:

Hauptsächlich eignet sich MDMA als zusätzliches Behandlungsinstrument in der Psychotherapie, besonders dann, wenn eine Ich-Stärkung notwendig ist.

In bisher einzigartiger Weise ermöglicht MDMA die Innenschau, die Einsicht in psychodynamische Zusammenhänge, und zwar bei jedem Menschen jeden Alters. Es können dabei vor allem Beziehungsschwierigkeiten und Probleme in der Partnerschaft, Familie usw. bearbeitet werden.

Wegen seiner akuten analgetischen Wirkung ohne gleichzeitige Sedierung eignet sich MDMA bei der Behandlung von chronischen Schmerzzuständen besonders dann, wenn die Schmerzverarbeitung eine wesentliche Rolle spielt, z. B. bei Krebspatienten. Oft gelingt es dabei, die Hintergründe von Schmerz und Krankheit zu erkennen, was dazu führt, daß man die Krankheit besser annehmen, ertragen und auch eventuell überwinden kann.

Weitere Anwendung findet MDMA bei der Behandlung von verschiedenen psychischen Erkrankungen. Dabei kommen Depressionen jeder Art, mit Ausnahme von schweren, akuten Phasen endogener Depressionen in Frage und zwar deshalb, weil MDMA sowohl die Freisetzung von Noradrenalin wie auch von Serotonin an der Synapse bewirkt. Gerade diese beiden Transmittersysteme spielen bei der Depression insofern eine große Rolle, daß bei dieser Krankheit zu wenig von diesen körpereigenen Substanzen an der Synapse vorhanden sind. Die Depressionsbehandlung mit MDMA ist besonders von dem Gesichtspunkt her interessant, wenn man bedenkt, daß MDMA nur sehr gelegentlich eingenommen werden muß, während die bisherigen Antidepressiva oft wochenlang verabreicht werden müssen, bis sie ihren Effekt entfalten können. Insofern bedeutet die Behandlung mit MDMA sicherlich einen schonenderen Eingriff in die menschliche Psyche und hat verhältnismäßig weniger Nebenwirkungen als Langzeitmedikationen. Weitere Indikationen sind unklare Angstzustände, umschriebene Phobien, Zwangshandlungen und Autismus. Gute Erfahrungen liegen auch in der Behandlung von Suchtpatienten vor. Ein weiterer Anwendungsbereich liegt in der Behandlung von psychosomatischen Krankheiten, wie dem Magenulcus oder dem Asthma bronchiale.

Denkbar wäre auch eine günstige Beeinflussung des Verlaufs bisher schwer therapierbarer Erkrankungen, wie etwa bei zyklothymen oder schizophrenen Psychosen, Anorexien, Hyperkinesien bei Kindern und sogenannten Kernneurosen. Allerdings liegen darüber noch keine zahlenmäßig relevanten Erfahrungsberichte vor.

Kontraindikationen:

Wegen der sympathomimetischen Effekte des MDMA sollte die Substanz nicht angewandt werden bei Personen, die an Hypertonus (Bluthochdruck), Hyperthyreose (Schilddrüsenüberfunktion), Diabetes mellitus (Zuckerkrankheit), Hypoglykämie (Unterzucker), schweren Leberfunktionsstörungen, Glaukom (erhöhter Augeninnendruck), Epilepsie (Anfallsleiden) leiden oder bei Personen, die einen Schlaganfall erlitten haben.

Außerdem ist von einer Einnahme während der Schwangerschaft und Stillzeit abzuraten, da die Auswirkungen auf den Fötus bzw. den Säugling noch nicht genügend bekannt sind.

Wechselwirkungen:

MDMA sollte wegen kumulativer Effekte nicht zusammen mit Vertretern der Amphetamin- und Methamphetamingruppe und nicht mit anderen Stimulantien wie Kaffee oder Kokain eingenommen werden. Vor allem ist von einer gleichzeitigen Einnahme von MAO-Hemmern oder β-Blockern abzuraten, da beide zu einer Anreicherung der Neurotransmitter führen, was dann im Zusammenwirken mit MDMA toxische Effekte hervorrufen könnte. Das gleiche gilt für die trizyklischen Antidepressiva.

Unserer Meinung nach sollte MDMA auch nicht mit anderen zentral wirksamen Mitteln wie Alkohol, Halluzinogene, Cannabis o. ä. kombiniert werden; nicht nur deshalb, weil es zu unvorhersehbaren Nebenwirkungen kommen kann, sondern vor allem auch deshalb, weil die therapeutische Wirksamkeit von MDMA eventuell geschmälert werden könnte. Um die Wirkung von MDMA nicht abzuschwächen, ist empfehlenswert, es nicht mit Neuroleptika oder Kreislaufmitteln wie Dihydroergotamin zu kombinieren.

Sucht- und Mißbrauchspotential:

Da die Behandlung mit MDMA als Hilfsmittel in der Psychotherapie häufig nur 1-2 Sitzungen erfordert, bzw. MDMA im therapeutischen Bereich überhaupt nur sporadisch im Abstand von mindestens 4-6 Wochen eingesetzt wird, kann man schon von der Dosisgabe her das Suchtpotential als gering einstufen; vor allem verglichen mit Psychopharmaka wie den Benzodiazepinen, die im psychiatrischen Bereich tagtäglich wochen-, teilweise sogar monatelang verordnet werden, obwohl eine große Abhängigkeitsgefahr bekannt ist. Auch von neurochemischer Seite her ist das Suchtpotential gering, da sich schnell eine Toleranz entwickelt, mit völligem Wirkungsverlust bei täglichem Gebrauch. Höhere Dosen führen dann nur noch zu einer Verstärkung der adrenergen Nebenwirkungen. Vermutlich hängt dies mit der Speicherentleerung der Neurotransmitter zusammen, die sich erst wieder füllen müssen und mit anderen Transmittersystemen ins Gleichgewicht kommen müssen, bevor MDMA wieder seine volle Wirkung entfalten kann.

Weitere Ausführungen hinsichtlich des Suchtpotentials sind bei C. Weigle nachzulesen.

Ausblick:

MDMA wurde trotz heftiger Proteste einiger Psychiater und Psychotherapeuten in den USA am 1.7.1985 in einer Eilentscheidung in die Kategorie I verbotener Substanzen, genau wie Heroin, LSD und Kokain eingestuft, weil es in zunehmendem Maße auf dem illegalen Drogenmarkt erschien. Es gelang auch im darauffolgenden Jahr angeblich nicht, seinen therapeutischen Nutzen nachzuweisen, weil nicht genügend kontrollierte Studien am Menschen als auch toxikologische Prüfungen an Tieren vorlagen. Genau diese Forschungen wurden jedoch mit der Einstufung in diese Kategorie praktisch blockiert.

Die Entwicklung von MDMA als zugelassenes Medikament würde noch zig Millionen kosten, die keine Pharmaindustrie investieren wird, da der Patentschutz längst abgelaufen ist.

Experten der WHO empfehlen zwar, das therapeutische Potential näher abzuklären (Juli 1985), was jedoch wegen des erheblichen bürokratischen Aufwandes, mit bereits verbotenen Substanzen forschen zu können, in allen Ländern kaum möglich ist, selbst wenn finanzielle Unterstützung vorhanden wäre.

Auch die BRD ist der Empfehlung des DEA gefolgt, ohne überhaupt selbst Nachforschungen oder Überlegungen über Mißbrauch oder therapeutischen Gebrauch und Nutzen anzustellen. So ist MDMA seit dem 1.8.1986 auch in Deutschland eine illegale Substanz, von der Einstufung her gleichgesetzt mit Heroin, LSD und Haschisch. Somit wird MDMA bedauerlicherweise das gleiche Schicksal zuteil, wie es schon vorher einige vielversprechende Substanzen ereilt hat. Es werden findige Chemiker ähnliche Mittel herstellen, die dann in gleicher Weise ge- und mißbraucht werden, nur ohne daß man deren Wirkungen und Nebenwirkungen so relativ genau kennt, wie dies bei MDMA der Fall ist.

Viele Irrungen und Wirrungen stehen uns also noch bevor.

Dr. Peter Hess

Der therapeutische Einsatz von MDMA

Um es gleich vorweg zu sagen: Ich persönlich teile die Begeisterung, die die meisten Psychiater, Psychologen und Psychotherapeuten angesichts der Wirkungen von MDMA in ihren Therapien ergriff, nicht vorbehaltlos. Auch betrachte ich MDMA und die anderen psychoaktiven Substanzen nicht als Sakramente, wie es S. Widmer tut.

Für mich sind diese Substanzen zunächst einmal nicht prinzipiell anders als andere Medikamente, die auf unseren Organismus einwirken. Und jeder Eingriff in unseren Organismus hat immer eine gute und eine schlechte Seite, selbst wenn man die Indikation, die Dosis, Set und Setting sorgfältig beachtet. Genauso wie es im Grunde genommen unsinnig ist, zwischen Medikament, Droge und Genußmittel so scharfe Grenzen zu ziehen, wie es unsere Gesellschaft aus Angst und Unkenntnis tut, genauso unsinnig ist es, zwischen den in der modernen Medizin verwendeten Psychopharmaka und den psychoaktiven Substanzen wie MDMA, LSD und ähnlichen Mitteln eine scharfe Grenze zu ziehen. Weder eine Verteufelung der einen noch eine Glorifizierung der anderen ist angebracht. Rein pharmakologisch gesehen, haben alle Substanzen mehr oder weniger ausgeprägte Wirkungen und Nebenwirkungen, und alle Medikamente sollten nur nach dem Prinzip ausgewählt werden, die unerwünschten Nebenwirkungen möglichst gering zu halten.

Allerdings gibt es einen wichtigen grundlegenden Unterschied zwischen den bisher verwendeten Psychopharmaka und den psychoaktiven Substanzen: Die ersteren sind dazu da, unerwünschte Symptome, wie z. B. Angst, Schlafstörungen, depressive Verstimmung oder eine psychotische Symptomatik zu *unterdrücken* oder diese zu *beseitigen*. Dies gelingt nur durch eine dauernde, oft mehrfache Einnahme pro Tag regelmäßig über einen längeren Zeitraum, Wochen, Monate bis Jahre andauernd.

Die psychoaktiven Substanzen dagegen wurden seit alters her nur *einmalig* verabreicht im Beisein eines oder mehrerer Therapeuten, einzeln oder in einer Gruppe von Menschen. Die psychoaktiven Substanzen führen in einen tranceähnlichen veränderten Bewußtseinszustand, der stunden-, maximal tagelang anhält, in dem die Menschen *geöffnet* sind für alle möglichen Gefühle, Erinnerungen und Erlebnisse personeller und transpersoneller Art. Dies kann heilsam sein, wenn es mit Hilfe von Erfahrenem gelingt, diese Erlebnisse zu verarbeiten und in den Alltag zu übersetzen oder es kann der Persönlichkeitsreifung dienen. Aber die Öffnung kann auch dazu führen, daß der Betreffende entweder von der Vielfalt oder der Intensität des Erlebten überschwemmt wird, ihm die Interpretation und Integration in den nächsten Wochen und Monaten nicht gelingt und er sich letztendlich in noch größeren Schwierigkeiten wiederfindet als zuvor. Oder er glaubt, das so erlebte Glück nur mit Hilfe der Substanz und/oder dem Setting erreichen zu können und wird davon abhängig. Das sind meines Erachtens die Hauptgefahren dieser Substanzen und der damit verbundenen Therapien.

Anders als bei den üblichen Psychopharmaka wird für die Verabreichung und die Einnahme psychoaktiver Substanzen eine besondere Vorbereitung und Einstellung (= Set) von Therapeut und Klient verlangt, als auch eine besondere Gestaltung der

Umgebung während der Wirkdauer (= Setting). Diese Form der Therapie hat eine uralte Tradition in nahezu allen Kulturen und war ursprünglich eine Aufgabe der Schamanen, die sich mit oder ohne Substanzen selbst in Trance versetzten und schon immer für ihr Ritual auch Musik einsetzten.

Bis heute werden mit verschiedenen Substanzen in ganz unterschiedlichen Settings solche Therapien durchgeführt, wobei hier gleich anzumerken ist, daß Therapien mit den bisherigen Halluzinogenen seit 1986 weltweit verboten worden sind.

Eine Ausnahme bildet hier die nach H. Leuner benannte »Psycholyse«, die in eine konventionelle Psychotherapie eingebettet und tiefenpsychologisch fundiert ist. Diese Therapieform darf zur Zeit mit LSD und MDMA noch in der Schweiz von der »Schweizer Ärztegesellschaft für Psycholytische Therapie« angewandt werden. Doch der weltweite Druck der Öffentlichkeit, dies zu verbieten ist sehr groß. Das Verbot würde jedoch leider nur die illegalen Anwendungen beflügeln.

Wer sich für die unterschiedlichen Therapieansätze mit psychoaktiven Substanzen näher interessiert, sei auf die guten Darstellungen in Büchern von Leuner, Grof und Widmer hingewiesen. Darin sind besonders die klassischen »Halluzinogene«, insbesondere LSD, ausführlich beschrieben.

Wie verhält es sich nun speziell mit MDMA?

Die Welle der Begeisterung ergriff zunächst auch mich, als ich vor knapp 10 Jahren die ersten Selbsterfahrungen damit machte und danach in Einzeltherapien mit Patienten die positiven Wirkungen miterlebte. Besonders beeindruckt hat mich dabei, wie vorher scheinbar beziehungs- und liebesunfähige Menschen, deren Leben zuvor aus einer einzigen Kette von Unzufriedenheit und Selbstzweifel bestand, ihre Liebesfähigkeit wiederentdeckten und sie später trotz aufkommender Zweifel nicht mehr gänzlich verloren. Bei manchen Menschen reichte eine einzige Erfahrung aus, um sie dauerhaft unabhängig von Psychotherapien zu machen. Für andere war es eine »Initialzündung«, die ihnen Einsicht in psychodynamische Vorgänge vermittelte, wodurch eine weitere konventionelle Psychotherapie erst ermöglicht wurde. Aber es gab auch Patienten, die sich nicht die Mühe machen konnten oder wollten, ihre während der Wirkung des MDMA gewonnenen Einsichten in ihren Alltag hinüberzunehmen. Sie blieben in ihrer Konsumhaltung, verlangten nach neuen Sitzungen, obwohl die alten noch nicht verarbeitet waren. In Einzelfällen führte dies zu einer Neigung, solche und ähnliche Stoffe vermehrt und unkontrolliert einzunehmen. Wie bereits im pharmakologischen Teil geschildert, hat MDMA eine besondere Wirkungskomponente, die es trotz aller individueller Schwankungsbreite von allen anderen psychoaktiven Substanzen klar unterscheidet und es besonders wirkungsvoll und wertvoll in der Therapie macht: Dies ist sowohl pharmakologisch als auch im übertragenen Sinne die bisher einzigartige Wirkung auf der Herzebene (Öffnung des Herzchakras).

Ein weiterer Vorteil ist, daß der Proband nicht durch visionäre oder halluzinogene Erlebnisse von seinen inneren Prozessen abgelenkt wird und in der Regel nur ca. vier Stunden in einem veränderten Bewußtseinszustand bleibt. MDMA ist somit die ideale Substanz für den Einstieg in diese Form der Therapie.

Hinsichtlich *Set und Setting* hat es sich in Einzel- und Gruppentherapie bewährt, ein verlängertes Wochenende einzuplanen mit mindestens einem Tag Vorbereitung mit ausführlichen Gesprächen zur Klärung der aktuellen psychischen Verfassung und bestehender Probleme. Am nächsten Tag wird dann am Morgen (wegen der besseren Verträglichkeit von MDMA) die Substanz verabreicht, am Nachmittag kann über das

Erlebte gesprochen werden, ebenso am darauffolgenden Tag. Ein weiterer Tag ist zu empfehlen, um sich Zeit zu lassen, wieder in den beruflichen Alltag einzusteigen. Weitreichende Entscheidungen sollte man auch in der darauffolgenden Woche nicht treffen, da ein intensiver »Gefühlsüberhang«, der verstandesmäßige Überlegungen zu kurz kommen läßt, verbleiben kann. Solche Therapien sind mit einzelnen Menschen, mit Paaren, Familien, aber auch mit Gruppen möglich. Die Gestaltung der Sitzungen hängt sehr stark von der Arbeitsweise des Therapeuten ab. Für kleinere Gruppen reichen zwei Therapeuten aus, die idealerweise gegensätzlichen Geschlechts sein sollten. Für größere Gruppen, die meines Erachtens 12-16 Personen nicht überschreiten sollten, sind mehrere Begleiter erforderlich, die sich um die Belange der Patienten kümmern.

Die meisten Erfahrungen liegen mit (allerdings illegalen) Gruppentherapieformen vor, die in den USA nach der LSD-Psychotherapie Grofs entwickelt wurden und auf die speziellen Besonderheiten von MDMA zugeschnitten sind. Dabei tragen die Gruppenmitglieder während der Hauptwirkung Kopfhörer und Augenbinden, um von den anderen im eigenen inneren Prozeß nicht gestört zu werden. Erst danach erfolgt dann der Austausch zwischen den Gruppenmitgliedern. Andere Therapeuten erlauben und fördern von Beginn an den Kontakt untereinander oder nach einiger Zeit des Mit-sich-allein-Seins. Einige Therapeuten führen auch bestimmte Gruppenrituale durch, die eine feste Struktur haben und die der Integration des Einzelnen in die Gemeinschaft dienen, wie z. B. die Kreisrituale, die C. Müller-Ebeling und Ch. Rätsch näher ausführen.

In der Einzeltherapie steht das Individuum ganz im Vordergrund, daher ist sie am meisten förderlich, um biographische Erinnerungen bis in die ganz frühe Kindheit hinein wachzurufen und traumatische Erlebnisse und abgewehrte Gefühle zu aktivieren. Die Erinnerungsfähigkeit an solche Erlebnisse ist unter MDMA deutlich gesteigert, das Verstehen und Annehmenkönnen von eigenem und fremdem Fehlverhalten (z. B. von den Eltern) ist verbessert. Oft besteht geradezu ein Drang, über solche Erinnerungen zu sprechen, was manchmal zu einem nicht endenwollenden Monolog führen kann. Leider ist die spätere Erinnerungsfähigkeit für den Inhalt dieser Monologe relativ schlecht, so daß Tonbandmitschnitte sehr hilfreich sind. Es hat sich auch als sehr effektiv erwiesen, in den Tagen und Wochen nach der Sitzung ein Protokoll zu schreiben und es später mit dem Therapeuten zu besprechen, was die Integration des Erlebten in den Alltag fördert; außerdem können Erinnerungsspuren später weiter verfolgt werden.

Eine besondere Rolle spielt die Musik für Set und Setting unter allen veränderten Bewußtseinszuständen, so auch bei MDMA. Leider wird diese Rolle oft nicht genügend gewürdigt: die Musik wird oft ununterbrochen mit ständig wechselnden Musikstücken relativ unsystematisch dargeboten. Viele Menschen sind in diesen geöffneten Zuständen ein Spielball ihrer Gefühle, die über die Musikstücke vermittelt werden, und sie landen dann in einem Chaos widerstreitender Gefühle und Stimmungen, je nach Auswahl der Musik. Um die kathartische Wirkung der Musik voll zur Geltung zu bringen, empfiehlt es sich, in jedem Fall Life-Musik einzusetzen mit archaischen Instrumenten, wie Monochord, Gong, Trommeln und Singen, um das volle Klangspektrum über den ganzen Körper aufzunehmen und nicht nur mit den Ohren, wie dies z. B. besonders über das Hören mit Kopfhörern der Fall ist. Hinzu kommen die Verfälschungen über die elektronische Übertragungskette. Da die meisten Menschen während der MDMA-Wirkung eher ruhig sind und oft liegen, empfiehlt sich auch eine entsprechend langsame, meditative Musik, die hauptsächlich von der Klangwirkung einzelner Töne in regelmäßig wiederkehrenden Intervallen lebt, sogenannte Ostinaten. Auch ein Gong ist ideal. Ähnlich wie in der Schamanentradition sollte der Therapeut oder ein Begleiter die Instrumente selbst spielen, je nach der momentan im Raum vorherrschenden Atmosphäre. Die Musik ist nur zur Verstärkung innerer Prozesse da und nicht zur Auslösung derselben! Sonst sind der Manipulation Tür und Tor geöffnet!

Leider wird in unserem Alltag die Musik als Manipulator häufig genug eingesetzt, ohne daß wir uns dessen bewußt sind!

Bisher kam MDMA hauptsächlich bei sämtlichen Formen der Neurose zum Einsatz, bei Partnerproblemen und Beziehungsstörungen innerhalb der Familie. Gute Erfahrungen liegen auch bei Suchterkrankungen und bei einigen psychosomatischen Erkrankungen, wie Magenulcus und Asthma bronchiale vor. Vielversprechende Fallberichte existieren vor allem von depressiven Erkrankungen und bei depressiven Nachschwankungen von Psychosen.

Denkbar wäre auch der Einsatz bei den bisher schwer oder kaum therapierbaren psychiatrischen Erkrankungen, vor allem dann, wenn keine Einsichtsfähigkeit in psychodynamische Zusammenhänge gegeben ist. Hier wäre dann MDMA als Initialzünder sehr hilfreich, so daß man dann mit konventioneller Psychotherapie weiterarbeiten könnte. Auch Kinder und alte Menschen wären für Psychotherapien zugänglicher.

Erfolgversprechend scheint mir auch ein Einsatz bei Krebskranken und in der Sterbebegleitung. Auch bei AIDS ließe sich unter Umständen eine bessere Akzeptanz des bislang unabänderlichen Schicksals erreichen.

Meine eigenen Erfahrungen in der Therapie mit MDMA reichen in die Zeit vor 1986 zurück. Ich habe dabei keine großen Fallzahlen vorzuweisen, sondern nur mit ausgewählten Patienten in ambulanter Einzeltherapie gearbeitet. Dabei habe ich in mehrmonatigen Abständen nicht mehr als 2-3 Sitzungen durchgeführt. Das dabei aktivierte Material erschien mir ausreichend, um länger damit arbeiten zu können. Während der Sitzung war immer noch eine Person als Beisitzer anwesend, wegen der starken Übertragung, die Schwierigkeiten machen kann. Das Einhalten einer gewissen Distanz ist nicht einfach, wenn man einen Menschen total empathisch und glücklich erlebt und dieser einem seine Sympathien bekundet, u. a. auch deswegen sollte der Therapeut keine Substanzen genommen haben.

Mein Behandlungsziel möchte ich so definieren, daß ich Patienten dazu motivieren möchte, ihre Erkrankung verstehen zu können, daraus zu lernen und ihr Schicksal aktiver in die Hand zu nehmen; nach dem Motto: Vorbeugen ist besser als heilen. Wenn es gelingt, die akute Krankheitsphase abzukürzen, verhärtete und verkrustete Strukturen aufzuweichen, Hilfestellungen zu geben, dann ist schon viel erreicht.

Exemplarisch möchte ich hier drei Fälle skizzieren, um darzustellen, wie ich arbeitete:

Jonas, 22 Jahre alt, war schon drei Jahre vor der ersten Sitzung von seinen Eltern zu mir geschickt worden, nachdem es damals im Rahmen einer Trennung von seiner Freundin zu einer länger dauernden depressiven Reaktion gekommen war. Die Mutter war bereits wegen einer endogenen Depression in meiner Behandlung. Ich hatte sie nach dem Tod meines Chefs übernommen und die dauernde Psychopharmakabehandlung weitergeführt. Die Eltern erwarteten nun von mir eine Behandlung ihres Sohnes mit Antidepressiva. Der Schweregrad der depressiven Verstimmung mit Schlafstörungen, Antriebslosigkeit und Suizidgedanken zwang mich auch dazu, ihn für einige Monate so zu behandeln. Die Depression klang nach 14 Tagen ab, und ich hörte erst nach zwei Jahren wieder etwas von ihm, als eine erneute Depression auftrat, wieder im Zusammenhang mit einer Trennung von seiner zweiten Freundin. Der Schweregrad war dieses Mal noch nicht so stark, er war frühzeitig zur Behandlung gekommen, und ich besprach mit ihm die Möglichkeit einer MDMA-Sitzung anstatt der Antidepressiva. Als Information gab ich ihm unsere damalige MDMA-Broschüre von Rippchen, er sollte es sich erst genau überlegen. Er kam zur nächsten Stunde, berichtete, daß er mit seinen Eltern die Vor- und Nachteile besprochen habe und eine Sitzung wagen wollte, da er keine Lust habe, ständig Psychopharmaka einnehmen zu müssen wie seine Mutter. Seine erste Sitzung wirkte intensiv positiv, wie ich es mir immer gewünscht hatte, daß es wirken möge. Er blühte regelrecht auf, redete wie ein Buch, wälzte sich stundenlang auf dem Bett hin und her und erlebte zum ersten Mal die Wichtigkeit seiner Gefühlswelt, fühlte sich wie neu geboren, rief: »Das Scheiß-Gehirn ist weg, mein Verstand war immer zur falschen Zeit am falschen Ort« usw. Die Beziehung zu seinen Eltern wurde verständlicher, Fehler von allen Seiten erkannt, aber *liebevoll* angenommen. (Dies ist das Besondere an MDMA).

Wegen der permanenten motorischen Unruhe setzte ich nach drei Stunden den Gong ein und spielte lange ohne erkennbare Wirkung. Erst bei der Nachbesprechung berichtete er von der positiven Wirkung des Gongs auf ihn.

Von einer kurzen, leichten depressiven Nachschwankung einen Tag nach der Sitzung abgesehen, war seine Depression schlagartig verschwunden. Er suchte das Gespräch mit seinen Eltern, schrieb einen 80 Seiten langen Brief an seine ehemalige Freundin usw. Die positiven Nachwirkungen, die auch seine Eltern bestätigten, waren so intensiv, daß es mir fast unheimlich war. Ein paar Wochen später aber hatte ihn der Alltag wieder eingeholt, mußte er schmerzlich erkennen, daß sich alte Fehler wieder eingeschlichen hatten und daß eine Veränderung der inneren Einstellung doch nicht ganz so schnell geht.

Bei der zweiten Sitzung, drei Monate nach der ersten, lief alles sehr viel ruhiger ab, er wollte den Gong hören und erleben und erzählte auch nicht sehr viel. Später dann berichtete er, daß er mehr zu seinen Schwächen stehen müsse, daß ihm klar geworden sei, wie wichtig es sei, noch nie mit einer Frau geschlafen zu haben und was wohl die Ursache dafür sei. Weitere Sitzungen schienen ihm vorläufig nicht mehr nötig, und in den Stunden danach berichtete er, daß er mit seinem Leben ganz gut zurecht käme. Seither ist keine Psychotherapie mehr erforderlich gewesen.

Der zweite Fall, den ich schildern möchte, ist Andreas, 22 J., Geologiestudent, ebenfalls mit familiärer Belastung durch eine Mutter mit phasisch verlaufenden Depressionen. Er mußte eineinhalb Jahre zuvor stationär auf unserer geschlossenen Station aufgenommen werden mit einer paranoid-halluzinatorischen Episode. Er wurde mit Erfolg neuroleptisch behandelt. Es stellte sich aber bald ein depressives Bild ein mit Konzentrationsstörungen, Antriebsverlust, Angst vor dem Einschlafen und frühzeitiges Erwachen. Er hatte nur noch Interesse an der Musiktherapie. Später stellte sich heraus, daß er vor seinem psychotischen Schub sehr viel Cannabis geraucht hatte, zuletzt täglich mehrmals. Es reizten ihn dabei sehr die mystischen Erfahrungen, mit denen er jedoch nichts anzufangen wußte. Es wurde klar, daß das viele Haschisch seine Psychose ausgelöst hatte. Über einen Zeitraum von mehreren Wochen besprach ich mit ihm die Möglichkeit, mit einer MDMA-Sitzung ein mystisches Erleben zu haben mit dem Ziel, seine psychotische Episode mit meiner Hilfe verstehen zu lernen. Ich setzte die Neuroleptika langsam ab, und nach sechs Wochen fand die erste Sitzung statt.

Die Sitzung selbst war für uns beide eher enttäuschend, vielleicht war die Dosis auch zu niedrig für ihn (100 mg) nach der neuroleptischen Behandlung. Der typische MDMA-Effekt blieb aus. Er konnte zwar über einige ihm wichtige Dinge wie Freundin und Eltern reden, aber oft hielt ihn etwas zurück, seine Gedanken zu äußern. Er hatte Angst davor, seinen Körper zu verlassen und Angst vor einer fremden Macht. Ich wagte es daher nicht, noch etwas MDMA nachzugeben.

Die zweite Sitzung folgte zwei Monate später, und hier erlebte er dann sehr positiv die typische MDMA-Wirkung mit Ich-Stärkung, gesteigertem Selbstvertrauen und einem besseren Verhältnis zu seinem Körper. Zwar dauerte dies nur eine Stunde, aber immerhin. Mit der Musik hatte er ein mystisches Erlebnis der Verschmelzung mit den einzelnen Klängen und einem Versiegen des dauernden Gedankenstromes (endlich!!). Nach dieser Sitzung besserte sich sein Zustand zusehends. Die depressive Verstimmung verschwand. Er konnte entlassen werden und wieder arbeiten. Er wurde zwar ein paar Wochen später noch einmal kurz psychotisch, jedoch gelang es mit einer kurzen tagesklinischen Krisenintervention seinen Zustand rasch zu bessern. Er erzählte im ersten Gespräch spontan, wie wichtig MDMA für ihn gewesen sei, daß es ihm jetzt klar sei, warum er sich dagegen gewehrt hatte, ein Mann zu sein. Er habe zu spät seinen Stimmbruch gehabt, sei von seinen Mitschülern immer gehänselt worden und habe völlig sein Selbstvertrauen verloren. Seither ist bis heute keine psychotische Episode aufgetreten, und auch sonst geht es ihm gut.

Der dritte Fall, über den ich berichten möchte, ist der von Slaweka, einer 34jährigen bulgarischen Krankenschwester, vom Krankheitsbild am ehesten einer neurotischen Depression zuzuordnen. Im Nachhinein betrachtet, glaube ich bei ihr einige Fehler gemacht zu haben, die zu einem, zumindest für mich, unbefriedigten Ergebnis geführt haben. Ich weiß nämlich nicht, wie es ihr jetzt geht und ob ihr die zwei Sitzungen längerfristig etwas gebracht haben. Ich denke, daß es falsch war, auf ihre Forderung einzugehen, ohne eine tragfähige therapeutische Beziehung aufgebaut zu haben, eine Sitzung zu machen. Ich wußte von ihr sehr wenig, hatte nur ein kurzes, pragmatisches Vorgespräch und hatte sie als sehr verschlossenen, skeptischen und unnahbaren Menschen erlebt. Sie hatte nur dysphorisch ihre Unzufriedenheit mit der bisherigen Behandlung ihrer Blasenstörung durch diverse Fachärzte geschildert. Die erste Sitzung verlief phänomenal: Aus der verkniffenen, verkrampften Frau wurde ein so lockeres, strahlendes, herzliches und offenes Wesen, daß ich zu Tränen gerührt war. Sie redete wie ein Wasserfall über ihre schöne Kindheit in Bulgarien und bedauerte immer wieder mich, daß es mir nicht so gut ginge wie ihr. Später kam dann ihr Bedauern über ihre jetzige Lebenssituation, die emotionale Kälte am Arbeitsplatz, die abgekühlte Beziehung zu ihrem deutschen Mann, der sie von Bulgarien weggeholt hatte und das Klammern an ihren 10jährigen Sohn. Ihr wurde sehr vieles klar an diesem Tag, und sie verblieb noch zwei Tage lang in einem veränderten Wachseinszustand, in dem sie teils einen Monolog, teils einen Dialog mit mir führte. Der Alltag holte sie bald wieder ein. In der zweiten Sitzung zwei Monate später passierte in etwas abgeschwächter Form das gleiche wie beim ersten Mal, und sie sprach über viele Probleme in ihrem Umfeld. Es kam also sehr viel Material zur Sprache, jedoch war sie blockiert, später weiter darüber zu sprechen und konnte wohl nur wenig von ihren Einsichten realisieren. Versuche meinerseits, sie dazu zu motivieren, schlugen fehl, sie forderte lediglich eine erneute Sitzung, die ich unter diesen Umständen jedoch ablehnte. Seither hat sie sich nicht mehr gemeldet.

Das waren nun drei Fallbeispiele aus meiner alltäglichen Arbeit in der Klinik mit allen Schwierigkeiten und Teilerfolgen. Es war je ein Fall aus den drei großen Erkrankungsgruppen Neurose, endogene Depression und paranoid-halluzinatorische Psychose. Gerade in der Psychiatrie ist mir natürlich bewußt, wie relativ Erfolge in der Behandlung auf lange Sicht gesehen werden müssen.

Esmuß auch betont werden, daß es keine wissenschaftlich exakten Wirkungsnachweise zu dieser Therapieform gibt. Dabei ist jedoch festzuhalten, daß sich die Wirkung oft einer wissenschaftlichen Nachweisbarkeit in ähnlicher Weise entzieht wie z. B. die analytische Psychotherapie, aber trotzdem ist sie für den Betroffenen, die Angehörigen und den Therapeuten deutlich sichtbar. Wissenschaftliche Forschungen sollten jedoch unbedingt von den Regierungen gefördert werden und nicht blockiert, wie es momentan geschieht, denn dazu ist die Substanz und die damit verbundene Therapie zu kostbar.

Aus den bisher gemachten Erfahrungen ergibt sich, daß besonders die psycholytische Therapie mit MDMA sehr wirkungsvoll da ist, wo bisher konventionelle Methoden versagt haben; vor allem dort, wo man den Menschen keine Einsichtsfähigkeit zutraut, um mit ihnen psychotherapeutisch arbeiten zu können.

Die Psycholyse ist also als wichtige Ergänzung zur psychotherapeutischen Grundversorgung der Bevölkerung sinnvoll! Es ist nicht einzusehen, weshalb Psychotherapie nur relativ wenigen und weniger kranken Menschen zugute kommen soll!

Der nächste erforderliche Schritt wäre, MDMA nach gründlicher Erforschung am Menschen (gerade auch hinsichtlich der Toxizität!) als Medikament zuzulassen. Es dürfte dann nur von erfahrenen Ärzten, die eine spezielle Weiterbildung in Psycholyse besitzen, verschrieben und angewandt werden, möglichst in Zusammenarbeit mit Zusatztherapeuten, z. B. Gestaltungs- und Musiktherapeuten. Es müssen, ähnlich wie es die »Schweizerische Ärztegesellschaft für Psycholytische Therapie« getan hat, Weiterbildungsrichtlinien für Ärzte und Psychologen erarbeitet werden. Genauso wie bei der analytischen Psychotherapie muß auch die psycholytische Weiterbildung unter Anleitung erfahrener »Psycholytiker« genügend Selbsterfahrung mit diversen psychoaktiven Substanzen einschließen.

Wie beim neu gegründeten »Europäischen Collegium für Bewußtseinsstudien« (ECBS) sollte der Erfahrungsaustausch unter Wissenschaftlern aller wichtigen Fachrichtungen, die sich mit veränderten Bewußtseinszuständen jeglicher Art (auch nichtpharmakologischen!) beschäftigen, gefördert werden. Diese Experten sollten dann den Politikern und Behörden beratend zur Seite stehen und Empfehlungen zur richtigen Anwendung geben. Heute ist es noch umgekehrt! Zur Zeit werden noch wichtige Entscheidungen zum Betäubungsmittelgesetz von verängstigten und unwissenden Politikern und Bürokraten getroffen, die unter dem Diktat einer fanatisierten Öffentlichkeit stehen, die sich beharrlich weigert, unterschiedliche »Drogenwirkungen« zur Kenntnis zu nehmen. Wann endlich kommt die Zeit, in der es möglich ist, Medikamente nach ihrem tatsächlichen Nutzen für die Gesundheit auszuwählen und nicht nach marktwirtschaftlichen Gesichtspunkten?! Mit MDMA ist für die Pharmaindustrie z. B. wenig Geld zu verdienen. Die Therapie damit ist aufwendig, personalintensiv, aber sie ist für den Einzelnen und das Zusammenleben in der Gesellschaft von großem Nutzen.

Dr. Peter Hess

MDMA und LSD in der Therapie

In der Schweiz ist die »Ärztegesellschaft für psycholytische Therapie« ins Gerede gekommen. Einige der 35 Ärzte dieser Gesellschaft haben eine Sondererlaubnis des Staates, um mit LSD und MDMA zu therapieren. Ein Mitglied dieser Gesellschaft hat bei einem Workshop in Frankreich Ibogain verabreicht, an dem ein Patient gestorben ist. Dieser Vorfall hat nun zur Überprüfung der Genehmigung der Gesellschaft geführt. Bei Drucklegung dieses Buches (Herbst 1990) ist noch nicht bekannt, welche Folgen dieser Vorfall haben wird. Hier ein Interview über die Arbeit der »Schweizerischen Ärztegesellschaft für psycholytische Therapie« mit Samuel Widmer und Juray Styk (beide Ärzte und Gesellschaftsmitglieder):

In den 60er Jahren war die Forschung wie auch der Einsatz von Psychedelika weiter verbreitet. Was gab den Ausschlag für die neue Forschung heute?

Widmer: In den 50er Jahren erlebte LSD die Hochblüte in der Psychiatrie. Aus politischen Gründen wurde es in den 70er Jahren verboten. 1975 erschien das Buch *Topographie des Unbewußten* von Professor Stanislav Grof. Dadurch wurde die Aufmerksamkeit der Therapeuten wieder auf LSD gelenkt.

Spielen dabei auch persönliche Erfahrungen eine Rolle?

Widmer: Ich habe als 22jähriger zum ersten Mal in einer Therapie LSD erhalten. Das Erlebnis hat mir unheimlich Eindruck gemacht und mir sehr geholfen.

Machen Sie aus Ihren Patienten nicht Süchtige?

Styk: Nein. Für »Drögeler« sind LSD und MDMA nicht interessant. Es macht ihnen Angst. Sie suchen beruhigende Drogen wie Heroin. »Drögeler«, die zu uns kommen, wollen in der Regel, daß wir ihnen die Heroin-Ersatzdroge Methadon verschreiben. Da wir uns weigern, verlassen sie uns meist nach kurzer Zeit wieder.

Was ist denn das Besondere an psychedelischen Substanzen in der modernen Therapie?

Styk: LSD und MDMA sind potente Mittel, um an eine unbewältigte Vergangenheit eines Menschen heranzukommen. Zudem muß man sehen, daß die Psychiatrie LSD nur auf politischen Druck hin aufgegeben hat. Dabei ist es eines der Medikamente, die wissenschaftlich am besten erforscht sind. Unsere Therapie ist kein »Experiment«, sondern eine wissenschaftlich abgestützte Arbeit.

Aber ein Großteil der herkömmlichen Psychiater sprechen sich gegen den Einsatz dieser Substanzen in der Therapie aus. Warum?

Styk: Richtig. Die meisten Klinik-Ärzte sind dagegen, weil sie bei ihren Patienten meistens zudeckend therapieren müssen. Wir hingegen wollen aufdecken.

Widmer: Man muß auch ganz klar sehen: Nur ein ganz kleiner Teil unserer Therapie-

Arbeit wird mit LSD und MDMA durchgeführt. Es ist ja nicht so, daß jemand in meine Praxis kommt und gleich einen Trip wirft. Ich beginne mit einer konventionellen Psychotherapie, die mindestens ein halbes Jahr dauert. Erst dann kann der Patient – wenn er das will – allenfalls mit MDMA oder LSD beginnen. Die Drogen sind eingebettet in einen tiefenpsychologischen Prozeß.

Wo kommen die Substanzen her, die Sie verwenden, und wer übernimmt die Kosten dafür?

Styk: Jeder Patient bezahlt sie selber. Wir lassen sie übrigens an einer Universitätsklinik und von einer privaten Firma herstellen.

Dürfen Ihre Klienten die Drogen auch mit nach Hause nehmen?

Widmer: Nie.

Wie steht es mit dem Eigengebrauch?

Widmer: Die Gesellschaft organisiert für ihre Mitglieder zweimal jährlich Sitzungen, an denen mit psychedelischen Drogen gearbeitet wird. Diese Sitzungen dienen nur der Forschung, nicht dem Vergnügen.

Was ist nun die spezifische Wirkung dieser Substanzen in der Therapie?

Widmer: Sie bewirken, daß die Analyse vom Kopf in den Bauch rutscht. Das will heißen: Der Patient beginnt, seine Probleme zu spüren und sie nicht nur intellektuell zu begreifen.

Sind Ihnen Menschen unter Drogeneinfluß nicht hilflos ausgeliefert?

Widmer: Das Ziel unserer Therapie ist, die Abhängigkeit der Patienten vom Therapeuten aufzulösen, sie gesund zu machen. Ich verwende LSD und MDMA nicht aus einem Machtgefühl heraus. Wenn ich als Arzt davon überzeugt bin, daß dies sehr gute Medikamente sind, dann befiehlt mir mein Gewissen, sie auch zu verwenden.

Was wird geschehen, wenn Ihnen die Sondererlaubnis zur Therapie widerrufen wird?

Widmer: LSD kommt dann wieder in die Hände von Politikern und Beamten. Dort hat es noch nie etwas Gutes bewirkt. Unserer Meinung nach ist es ein Medikament, das in die Hände von Ärzten gehört. Doch wir werden nicht um jeden Preis darum kämpfen. Wenn man uns die psycholytische Therapie verbietet, wenden wir uns halt anderen Methoden zu. Das (therapeutische) Atmen kann man uns ja auch nicht verbieten. *(Nach einer Pause fügt er lächelnd hinzu:)* Sehen Sie, Einstein hat einmal gesagt: Eine gute Erfindung setzt sich nie durch. Sie muß warten, bis ihre Gegner gestorben sind. Vielleicht trifft dies auch auf LSD zu.

Einwirkungen und Auswirkungen – Aus Therapie und Praxis

Seit LSD hat wohl keine psychoaktive Substanz mehr Neugier erregt, mehr begeisterte Zustimmung gefunden und bessere Aufnahme in den Medien. Und warum sind es gerade ganzheitlich orientierte Öko-Freaks und New-Age-Leute, die MDMA so eifrig in Schutz nehmen – das sind doch nun wirklich die letzten, denen wir zutrauen würden, daß sie etwas »Unnatürliches« zu sich nehmen.

Der Pessimismus, den offizielle Kritiker – (übrigens nahezu durchweg hart-näckige Beamten, die nie in ihrem Leben eine persönliche Erfahrung mit der Substanz gemacht haben und einen solchen Gedanken meist entrüstet von sich weisen dürften, allein schon die Idee an sich) – an den Tag legen, wenn es um MDMA im Besonderen und psychoaktive Substanzen im Allgemeinen geht, wirft einmal mehr ein bezeichnendes Licht auf einen grundlegenden Konflikt unserer Epoche: den Konflikt zwischen neophoben und neophilen Menschen – also solchen, die neue Ideen fürchten, ihnen mit Unsicherheit und Mißtrauen begegnen, und denen, die ihre Aufgeschlossenheit neuen Gedanken und Konzepten gegenüber als Motor der Evolution begreifen. Letztere wollen meist, etwa nach dem Motto: »Ihr armen Schweine, wenn ihr Angst habt vor eurer Freiheit, dann geht zurück in euren Saustall und laßt euch verwursten« – die von ihrer Angst vor dem Chaos beengten oder gar gelähmten Mitmenschen an ihrem eigenen oft unbekümmerten Genuß teilhaben lassen – was jene allerdings häufig als Zumutung begreifen, und worauf sie als Entgegnung nicht selten nur noch mit Repressalien oder eben mit Pessimismus reagieren können.

Jenem typischen Pessimismus begegnen will, wenigstens soweit es MDMA betrifft, ein Neophiler namens Rick Doblin, der in den USA als einer der enthusiastischsten Befürworter der Droge gilt. Seit Jahren am Herumschnüffeln in den mystischen Bereichen der Wahrheit, betrachtet er die Auswertung von MDMA oder ADAM, wie er es nennt, als wichtige Aufgabe. Wieso Adam? Nun, sagt er, weil der Mythos von Adams Körper, der sich ja aus allen Menschenrassen zusammengesetzt haben soll, eine Parallele zu den Wahrnehmungen universeller Wärme und Kommunikation darstellt, die MDMA zu bieten hat.

Und Doblin geht die Dinge nun einmal sehr optimistisch an: Ganz allein sorgte er für ein Revival der Earth Metabolic Design Foundation, die seinerzeit von dem alternativen Architekten und Geodätiker Buckminster Fuller gegründet worden war, um die Entwicklung der Menschheit als Ganzes voranzutreiben, etwa durch die Entwicklung effektiverer Energiequellen usw. Bucky Fuller lehrte, daß die gegenwärtigen Krisensituationen als Prüfung verstanden werden müßten, die für die Menschheit nur durch Zusammenarbeit bewältigt werden könne. Er sagte: »Wir müssen ganz einfach erforschen und sein, und uns gegenseitig erzählen, was wir finden.« Dazu gehört auch die Erforschung der Tiefen der menschlichen Seele, »die uns«, so ein Informationsbulletin, »notwendig und unvermeidlich zu Fragen führt, die die Spiritualität betreffen. Daher liegt ein Gutteil unserer Forschungsarbeit am Kreuzweg von Wissenschaft und Religion.« (Wie sagte doch Aleister Crowley Anfang des Jahrhunderts? »Unsere Methode ist Wissenschaft, unser Ziel ist Religion.«) Der gegenwärtige und geschichtliche Gebrauch Bewußtseins-manifestierender Zustände innerhalb des Kontextes verschiedener spiritueller Religionen ist ein wichtiger Bereich, der in den Labors der EMDF erforscht wird. Diese Forschungen werden gemäß einer Resolution vorangetrieben, die die Weltgesundheitsorganisation (WHO) im Mai 1984 herausgegeben hat. Diese Resolution (EB 73 R 3), zu der die 37. Weltgesundheitsversammlung aufgerufen hat, trägt den Titel »Die spirituelle Dimension in der globalen Strategie für die allgemeine Gesundheit im Jahr 2000«.

Der Bericht des Generaldirektoriums hält die Mitgliedstaaten dazu an, »in ihre Strategien für die Volksgesundheit eine spirituelle Dimension einzubeziehen, wie sie in der vorliegenden Resolution festgelegt ist – einhergehend mit ihren sozialen und politischen Vorgaben«. Nun hat Doblin die EMDF ebenfalls für MDMA eingespannt.

Aber Rick Doblin hat noch mehr getan: er hat auch Kontakt zu den Vereinten Nationen, der amerikanischen Nahrungsmittelbehörde Food and Drug Administration (FDA), zu Nancy Reagans Anti-Drogen-Organisation, jener »Nationalen Föderation der Eltern für eine drogenfreie Jugend« aufgenommen – hier wie dort kämpft er mit einer entwaffnenden Offenherzigkeit. Leider hat man nicht überall seine guten Absichten völlig begriffen, wie es scheint. Als Sohn des Leiters einer Drogenklinik versucht er eine gänzlich neuartige pharmazeutische Gesellschaft auf die Beine zu stellen. Deren Ziel ist es, für die finanzielle Unterstützung zu sorgen, die Testreihen absichern soll, die notwendig sind, aus MDMA eine Droge werden zu lassen, die ein Arzt ruhigen Gewissens verschreiben kann.

»Es ist eine falsche Zweiteilung, die die Regierung da einzuführen versucht: auf der einen Seite der kriminelle Gebrauch zur Rekreation, auf der anderen der legale therapeutische Gebrauch. Denn eigentlich sind beide nicht schlecht, obwohl MDMA niemals beiläufig benutzt werden sollte. Man hat Angst vor dem ganzen Konzept – daß Leute eine lohnende Drogenerfahrung machen können, ohne dabei süchtig zu werden. Deswegen verdammte man die Experimente der Universität von Chicago mit dieser unverhältnismäßigen Schärfe. Es ist wirklich wie die LSD-Geschichte, als man von Chromosomenschäden sprach: sie sind einfach nie aufgetreten. Es gibt keine Tausende von Kindern, die krumm durch die Gegend laufen, nur weil ihre Eltern LSD genommen haben. Hier gibt es Dutzende von Leuten, die auf eine zehnjährige MDMA-Erfahrung zurückblicken können. Und wir können keine sichtbaren Auswirkungen beobachten.«

Ein amerikanischer Benediktinermönch, David Steindl-Rast: »Ein Mönch verbringt ein ganzes Leben damit, das gleiche wache Verhalten zu kultivieren, das MDMA vermittelt.« Und Dr. Claudio Naranjo, der ebenfalls mit Alexander Shulgin zusammengearbeitet hat: »Die Droge hat die Wirkung eines kurzen, vergänglichen Augenblicks geistiger Gesundheit.« Ein weiterer Therapeut, Dr. Rick Ingrasci, sagt dazu: »Die Frage, um die es geht – und das ist eine Frage, die das DEA sicher nicht stellt – ist: ›Wie gebrauchen wir Drogen in dieser Gesellschaft?‹ Es ist eine stillschweigende Entscheidung getroffen worden, daß es OK ist, Valium und Aspirin zu nehmen, die beide gefährlicher sein könnten als MDMA. Aber es ist nicht okay, Drogen zu sich zu nehmen, um innere Einsichten zu gewinnen. Meine Hoffnung ist die, daß MDMA uns dazu zwingen wird, unsere Einstellung zu alledem noch einmal zu überdenken... Sagen wir mal, die schmeißen MDMA jetzt auf den Müll, so wie sie es wahrscheinlich bald machen werden. Was passiert dann? Nun gut – dann sitzen ungefähr 50 weitere Moleküle in den Regalen und warten nur darauf, angewendet zu werden. Bevor wir einmal die Augenbraue hochgezogen haben, wird MDMA durch eine andere Substanz ersetzt worden sein, die im Prinzip genauso wirkt. Genaugenommen existiert diese Substanz sogar schon. Sie heißt MDE.«

Der gleiche Dr. Ingrasci schildert uns einen Fall aus seiner Praxis: »Da war diese Frau. Sie war früher von ihrem Vetter sexuell mißbraucht worden und voll angestautem Zorn. Sie sagte mir, daß sie ihren Ehemann nicht liebe, daß sie drauf und dran wäre, eine Lesbe zu werden, und wie die Männerkörper sie doch anekelten. Ihr Mann war ein ziemlich gehemmter, professorenhafter Typ. Als die beiden die Droge nahmen, schmolz er ganz einfach dahin. Er nahm ihre Hand und sagte ihr, wie sehr er sie liebe – es war verblüffend, das hatte er ihr noch nie zuvor gesagt. Ihre Reaktion: die reine Panik. Sie konnte einfach nicht damit zurechtkommen. Sie wurde richtig wütend auf mich, weil ich sie dazu ›gezwungen‹ hätte, die Droge zu nehmen. Es war eine recht unangenehme Szene. Einige Tage später traf es sie dann wie ein Schlag: es hatte sie schockiert – geliebt zu werden. So arbeitete die Substanz letzten Endes für sie – als Katalysator.«

Deacon ist heute 76 Jahre alt. Er litt über das ganze letzte Jahrzehnt an unheilbarem Knochenkrebs. Die Erwartungen der Ärzte hat er genauso mißachtet und unterlaufen, wie die Schmerzen dieser heimtückischen Krankheit seine eigenen Erwartungen mißachtet haben. Im September vorletzten Jahres, als seine Schwiegertochter ihm von Dr. Greer und MDMA erzählte, entschloß sich Deacon, seine konservative Vergangenheit über den Haufen zu werfen und es zu probieren. »Es gab auf einmal keine Zeit mehr«, berichtete er. »Als Kind hatte ich einen immer wiederkehrenden Alptraum: ich wurde gefesselt, und wenn es mir nicht gelänge, mich loszumachen, würde ich sterben müssen. Unter dem Einfluß von MDMA konnte ich mich plötzlich daran erinnern, daß mein Vater mich gefesselt und ausgepeitscht hatte, als ich knapp drei Jahre alt war. Ich war nun in der Lage, ihm zu verzeihen. Nachdem ich die Substanz öfters eingenommen hatte, merkte ich auf einmal: ich war völlig schmerzfrei! Null Schmerz! Ich erzählte Dr. Greer immer wieder, daß der Schmerz verschwunden war. Ich konnte wieder laufen, auf die Toilette gehen, alle Leute liebhaben. Es mag ja zu hundert Prozent ein Placebo sein. Und wenn es das ist, was soll's? Es hat dafür gesorgt, daß ich, was den Krebs betrifft, all meine Hoffnungslosigkeit, all die Hilflosigkeit auf einen Schlag losgeworden bin. Es gibt dir ein ganz neues Lebensgefühl... Ich bin durch den Tod gegangen. Ich spüre keine Angst oder Beklemmung mehr. Müßige Streitfrage, ob es nun hilft oder nicht.«

Greer selbst sagt, daß er nur einer von etwa 200 Therapeuten in den USA war, die MDMA verabreichten. Rick Ingrasci beziffert diese jedoch nur mit ca. 50. Fest steht: beide haben es selber an sich ausprobiert, und beide stellten es selber her. Und beide arbeiteten mindestens fünf Jahre damit. Ingrasci sagt, daß er es Patienten anbot, die »den Kontakt zu sich selbst verloren haben«, damit sie zu innerer Einsicht kommen können »und lernen, ihr Leben ohne Angst zu verbringen. Es klärt den emotionellen Aspekt der Dinge, indem es Widerstand und die Tendenz, Gefühle zu verleugnen, vermindert. Aber noch wichtiger dabei ist, daß die Fähigkeit, Gefühle auszudrücken, enorm verstärkt wird. Das ist eigentlich vom Gesichtspunkt des Therapeuten aus seine nützlichste Eigenschaft.«

»Ich wäre daran interessiert, es einmal an schwer Kokainabhängigen auszuprobieren«, meint ein auf Drogenhilfe spezialisierter New Yorker Psychotherapeut, der auch schon MDMA getestet hat. »Das Interessante an Kokain und ›Ecstasy‹ ist, daß sie beide den gleichen Bewußtseinszustand herbeiführen: Furchtlosigkeit. Nur: bei Kokain ist es eine aggressive Spielart der Furchtlosigkeit, etwa unter dem Aspekt »ich kann alles tun«. Bei MDMA ist es eher passiv – »alles Schädliche wird geradewegs durch mich hindurchgehen«. Ein New Yorker Schriftsteller beschreibt seine Erfahrung als »ein Jahr Therapie in zwei Stunden«, und ein von Dr. Ingrasci behandeltes Ehepaar meint: »Es hat uns viel bewußter werden lassen, was für uns das ›Wesentliche‹ ist. Es hat uns wirklich dabei geholfen, herauszufinden, was wir eigentlich tun wollen.«

Ein weiterer Psychiater meldet sich zu Wort: »Nun, es klingt seltsam, aber was passiert, ist, daß die Droge sämtliche Neurosen tilgt. Die Furchtreaktion wird aufgehoben, ein überwältigendes Gefühl inneren Friedens macht sich breit. Man kommt mit der Welt klar, man fühlt sich offen, klar und voller Liebe. Ich kann mir nicht vorstellen, daß jemand unter MDMA-Einfluß zornig wird, egoistisch, gemein oder auch nur defensiv. Man gewinnt eine Menge Einsichten über sich selbst, reale Einsichten, die auch dann noch vorhanden sind, wenn das Erlebnis vorüber ist. Die Droge gibt sicher nichts, was nicht vorher schon latent vorhanden war. Es ist kein Trip. Man verliert nicht den Boden unter den Füßen. Man kann das Telefon abnehmen und seine Mutter anrufen, und sie würde niemals etwas merken. Es ist natürlich kein Allheilmittel, lediglich ein nützliches therapeutisches Werkzeug. Und: ja, selbstverständlich kann es mißbraucht werden. Jede Droge kann mißbraucht werden. Aber es ist schwer, sich vorzustellen, daß jemand MDMA mißbraucht... denn je häufiger man es benutzt, desto weniger bringt es eigentlich. Was, ein Aphrodisiakum? Ist es nicht. Obwohl man sich bestimmt leicht verlieben kann unter MDMA-Einfluß. Man fühlt sich einfach

näher dran an jedem, mit dem man gerade zusammen ist und kommt mit der ganzen Welt gut klar. Ein Gefühl der Transzendenz, ein sechster Sinn dafür, daß man ein Teil von irgendwas Größerem ist. Es ist«, so sagt er, »einfach das Gegenteil von Paranoia.« Hört sich ja direkt so an, als ob so mancher hochgestellte US-Politiker ein Leben lang auf nichts anderes wartet als MDMA.

Ronald Rippchen

Kreisrituale mit Peyote oder MDMA

Eigentlich haben wir Zivilisierte des 20. Jahrhunderts mit Ritualen nichts mehr im Sinn. Das Wort klingt fast schon archäologisch, allenfalls ethnologisch und schmeckt verdächtig nach Zwang und leerem Pathos. Diejenigen, die aus der Kirche austraten und Gott für tot erklärten, haben sich des religiös-kultischen Wortsinns entledigt. Die Aussteiger befreiten sich von konventionellen Ritualformen, die revoltierenden Studenten von universitären Prüfungsritualen. Viele haben das Händeschütteln als Form des Grußes aufgegeben, das Weihnachtsfest mitsamt Geschenken und Tannenbaum abgeschafft, auf die Silvesterknallerei zugunsten der Dritten Welt verzichtet. Wo es bei feierlichen Anlässen, bei feucht-fröhlichen Zusammenkünften oder im religiösen Leben Rituale gab, hat der aufgeklärte moderne Zeitgeist ihre hohlen Gesten entlarvt, ihre lächerliche Banalität erkannt und die Rituale ersatzlos gestrichen.

Und doch begleiten sie uns in Form von feststehenden Handlungsabläufen auf Schritt und Tritt. Für manchen gestaltet sich das Frühstück rituell, der letzte Arbeitstag, der tägliche Spaziergang mit dem Hund. Ein Ritual ist so lange von Bedeutung, wie derjenige, der es ausübt, dies mit Hingabe tut und um seinen Sinn weiß. Ein bedeutungsloses Ritual ohne Sinn und Zweck ist zum Tode verurteilt. Das Ritual ist eine äußere Handlung, die einen inneren Prozeß auslöst. Eine besondere Form ist das Kreisritual. Es kommt nicht nur auf dem Blocksberg vor, wo lüsterne Hexen den Herrscher der Unterwelt umtanzen oder in der Literatur, wo mit Hilfe des Kreidekreises Recht gesprochen wird, wie bei Brecht, oder der Pakt mit dem Teufel geschlossen wird, wie in Goethes *Faust* – Rudimente des Kreisrituals befinden sich sozusagen »unter uns«. Round-Table-Gespräche, die Stammtischrunde, Sitzordnungen in Klassenzimmern und Tagungsräumen, Bankette, um die die Geladenen im Rund stehen; selbst der deutsche Brauch des Schunkelns enthält Rudimente von Kreisritualen. Unbewußte oder auf rein pragmatische Gründe bezogene Kreisrituale finden tagtäglich statt: In der Gemeinschaft läßt der Mensch seinen eigenen Lebenskreis mit denjenigen seiner Mitmenschen wie konzentrische Ringe zusammenfallen. Er trifft mit ihnen in einem Kreis zusammen, tauscht in der Gemeinschaft individuelle Gedanken und Erfahrungen zu einem verbindenden Gespräch aus. Runde Tische werden bei gemeinschaftlichen Essen und Gesprächen als besonders günstig empfunden, da jeder jeden sehen kann, jeder im Kreis integriert ist und keiner in einer Rangfolge über- oder untergeordnet wird. Im Kreis begegnet der Mensch der Idealform einer sozialen Zusammenkunft, in der jeder gleichberechtigt und keiner ausgestoßen ist; die Gemeinschaft zählt, nicht die Dominanz eines Einzelnen.

Welche Bedeutung hat der Kreis?

Der Kreis strukturiert im Wortschatz die Lebenswelt des Menschen: Geographisch teilt er seine Welt in Bezirke (lateinisch: *circus* = Kreis), in Bezirks- und Kreisstädte; er befindet sich im Kreis der Familie; er sitzt gemütlich in der Runde, bestellt oder gewinnt eine Runde; er nimmt wahr, was sich im Land- oder Gesichtskreis tut; er umkreist Anziehendes oder Problematisches, bis sich der Kreis schließt oder er dem Teufelskreis entrinnt. Der Kreis prägt Denken und Glauben des Menschen und wird von ihm in Kunst, Brauchtum und Kult reproduziert.

Der Kreis existiert als Symbol der ursprünglichen Ganzheit in allen Zeiten und Kulturen. Er verkörpert immer – ob in der Philosophie des Westens oder Ostens – die Harmonisierung der Gegensätze. Er wurde philosophisch-logisch, magisch-religiös formuliert. Er schuf, konstruiert als Rad und später als Zahnrad, neue technische Möglichkeiten. Er begründete im heliozentrischen, kopernikanischen Weltbild den Beginn der Neuzeit, in der die Erde als Kugel erkannt wurde, und stürzte die Theologen in Verwirrung, die sich im Teufelskreis eines aus der Mitte gestoßenen Universums gefangen sahen und die neuen Denker als Ketzer verfolgten.

In dem chinesischen Kreissymbol von Yin und Yang, dem *tai ch'i,* zerfällt das Universum nicht in unvereinbare Gegensätze, sondern der helle Teil *Yang,* den Himmel, die Sonne, das Männliche, aktiv Schöpferische bezeichnend, fließt mit dem dunklen *Yin,* der Erde, dem Wasser, dem Mond, dem Weiblichen zusammen.. Der Kreis fügt die Polaritäten zur Einheit, verbindet Geburt und Tod zu einem natürlichen Zyklus und verschmilzt weiblich und männlich zu welterhaltenden Aspekten.

Zyklisch stellt sich der Mensch die Vorgänge in der Natur vor: den Wasserkreislauf, den Lauf der Jahreszeiten, den Kreislauf von Werden und Vergehen. Ob streng geometrisch, ob sichtbar rund, zyklisch gedacht oder symbolisch bildhaft kreisförmig vorgestellt; ob ins Dreidimensionale transformiert als Kugel, als Rad oder Zahnrad oder Ziffernblatt funktional konstruiert: »In seiner Einfachheit und Vollkommenheit ist er die geometrische Figur, in die alle Vorstellungen über Gott, Welt und Mensch einmünden, innerstes Strukturprinzip des Seins, Bild für das Mysterium der heiligen Mitte, nach der das ganze All ausgerichtet ist«, sagt Lurker, der dem Kreis mehrere Publikationen widmete.

Der Kreis wird aufgrund seiner Geschlossenheit in magischen Ritualen zu einem Hauptmedium. Die magischen Kreisrituale spielen im Volksbrauchtum bei Grundstücksgemarkungen (Umschreiten des Grundstücks), Haussegnungen, Eheschließungen (Ehering) und Erntedankfesten (Erntekranz) eine Rolle. Sie werden im schwarzmagischen Schadenzauber und bei Pakten mit Gott oder dem Teufel zur Erlangung einer höheren Erkenntnis angewandt.

Der Mensch, Maß aller Dinge, die er durch die Sinnesorgane und das geistige Vermögen seines Mikrokosmos erfährt, durchmißt den Kreis des Makrokosmos, augenfällig in der Zeichnung da Vincis. Zahlreichen Schöpfungsmythen liegt die Vorstellung zugrunde, der ursprüngliche Mensch sei rund gewesen, habe durch eine gewalttätige Spaltung Glieder bekommen und sich in zwei Hälften, in die weibliche und die männliche, aufgeteilt.

Auf das innere Wesen des Kreises in all seinen geistigen, mystischen, magischen Bedeutungsebenen beziehen sich Menschen, die diese Konstellationsform bei Heilungsritualen, bei religiösen Zusammenkünften, bei Ritualen zur Erlangung einer anderen, weil vom Alltag abgehobenen, Bewußtseinsstufe wählen. In der Kreisform, an der der Mensch selbst als konstituierendes Element beteiligt ist, sieht er die höhere Ordnung repräsentiert. Der Kreis, der um einen bestimmten Ort, eine spezielle Materie, eine verbindende Idee geschlagen wird, wie der Zirkel um seinen Mittelpunkt, bildet das Unsterbliche, die ewige Wiederkehr allen Lebens ab. In ihm fallen alle zuvor detailliert beschriebenen Bedeutungsebenen und Erscheinungsformen zusammen.

Das Kreisritual und der darin zugrundeliegende Analogieglaube bewirken, daß die materielle, sichtbare Ebene des Kreises mit der geistigen, unsichtbaren des Universums zusammenfällt. Der Mensch fühlt sich eins mit seiner Umgebung, mit dem Leben und dem Transzendenten. Das, was er vorher als abgetrennt von sich und als gegensätzlich erlebte, fällt zusammen in einem Punkt. Im Irdischen offenbart sich das Göttliche, im Menschen der Gott. Im Kreis der rituell zusammengetroffenen Menschen breitet sich ein Gefühl der Einheit und verbindenden Liebe aus, die getrennte Individuen verschmilzt.

In vielen Kulturen steht der rituelle Drogengenuß im Zentrum von Ritualen, die im Kreise von Menschen vollzogen werden. Die Droge, die in der Runde weitergegeben wird, verbindet alle Anwesenden miteinander.

Eine Studie, die den Zusammenhang von Cannabis mit dem *Setting*, dem von Menschen gebildeten Umkreis und der Situation, erforscht, kommt zu dem Schluß, daß erst ein ritueller Umgang den Mißbrauch verhindert.

Der Weingenuß im Altertum, die Friedenspfeife der nordamerikanischen Indianer, das zeremonielle Trinken von Kawa-Kawa in Polynesien, das gemeinschaftliche Betelkauen in Südostasien – überall dort, wo eine Droge im Mittelpunkt der Gemeinschaft steht, übt das Kreisritual eine regulierende Wirkung aus: Im Kreis in rituell geförderter Versenkung eingenommen, ermöglicht die Droge die Bewußtseinserweiterung, d. h. die Überschreitung der Grenzen menschlicher Erfahrungen und festgelegter Denkstrukturen. Bewußtheit heißt, sich in den Augenblick, den Mittelpunkt des Geschehens fallenzulassen und nicht in die Vorstellung davon abzugleiten. Das Kreisritual ist das ständig neue Lernen und Auffrischen der Erkenntnis, daß die Welt rund ist, ein Kreis von Elementen, die alle zusammen eine Einheit bilden. Es gibt keine vom Menschen getrennte Umwelt. Er gehört zum Kreis des Lebendigen.

Im heiligen Land des Peyote

Gegen Ende des 19. Jahrhunderts, als in den nordamerikanischen Plains und Prärien noch die blutrünstigen »Indianerkriege« tobten, lernten die Mescalero-Apachen bei den nordmexikanischen Indianern den psychedelisch wirksamen Peyotekaktus *(Lophophora williamsii)* und das dazu gehörende Ritual kennen. Sie brachten die wunderwirksame Pflanze und das neue Wissen mit in den Südwesten. Von dort verbreitete sich die Kunde von der Pflanze, die den Benutzern *Visionen der wirklichen Welt* schenkte, rasch im ganzen mittleren Westen, die Westküste hinauf bis nach Kanada, ja sogar bis nach Alaska. Die empfangenen Visionen und die gemeinsamen Treffen gaben den besiegten und unterdrückten Indianern neue Kräfte, Hoffnungen und einen starken pan-indianischen Rückhalt. Sowohl die Eigenschaften der mexikanischen Pflanzen als auch die Form des Rituals vertrugen sich mit der traditionellen Spiritualität und konnten in die verschiedenen Stammeskulturen gut integriert werden. Bei manchen Stämmen wurden sogar christliche Elemente miteinbezogen.

1918 wurde die *Native American Church*, die »Kirche der amerikanischen Eingeborenen«, gegründet. Im Mittelpunkt dieser – bis heute offiziell anerkannten – *Kirche* stehen Peyote als Sakrament und das *Meeting*, das Kreisritual. Der Peyote-Weg soll die Brüderlichkeit, die Familienzusammengehörigkeit, das Selbstvertrauen und die Meidung von Alkohol fördern. Die Peyotetreffen sind der Gottesdienst, der zur Heilung Kranker, zur Stärkung der Gruppe und zum spirituellen Wachstum des Einzelnen und der Gemeinschaft abgehalten wird. Der Anthropologe J. S. Slotkin sagt, daß »... im Peyotismus der Peyotist durch Gebete, Kontemplation und den Genuß von Peyotl eine Erleuchtung durch den Großen Geist oder einen seiner vertretenden Geister erreicht. Nach Meinung der Peyotisten geschieht dies, weil er sich selbst in geistige Aufnahmebereitschaft versetzt und durch das Peyotl genug von der Macht des Großen Geistes in sich aufgenommen hat, um diesen Zustand erreichen zu können. Diese Erleuchtung nimmt häufig die Form einer mystischen Verzückung an, das Einswerden aller unmittelbaren Erfahrung mit dem Großen Geist selbst. Bei anderen Gelegenheiten enthüllt der Große Geist oder einer seiner Vertreter dem Peyotisten ein religiöses oder ethisches Dogma; er lehrt ihn das rechte Leben... Von Peyotisten wird untereinander ein Gefühl brüderlicher Liebe erwartet. Während der Zeremonie kommt das durch besondere Formen der Höflichkeit, der Achtung und der Ehrerbietung sowie durch Geschenke zum Ausdruck. Diese Brüderlichkeit erstreckt sich auch auf Peyotisten anderer Stämme. Es gibt viele Besuche zwischen den Stämmen, wenn eine Zeremonie abgehalten wird.«

Großvater Peyote darf von Anhängern des Peyoteweges aber nur sakramental genutzt werden. Er darf nur im gemeinsamen Kreisritual, dem *Meeting* verzehrt werden. Das Ritual findet nachts statt. Es beginnt mit Sonnenuntergang und endet bei Sonnenaufgang. Meist wird es in einem Tipi, dem traditionellen Zelt der Prärieindianer, gelegentlich aber auch in Holzhäusern oder Hogans, den Rundbauten der Navajos, durchgeführt. Dabei ist das Tipi oder der Hogan das ganze Universum; in dessen Mitte brennt ein Feuer, das vom Kreis der Menschen umschlossen wird. Vor dem Feuer wird ein Altar aufgebaut, der nach kosmologischen Gesichtspunkten konstruiert wird. Darauf liegen die Ritualgegenstände: Peyotestab, Rassel, Trommel, Flöte. Der Peyotestab konzentriert die kosmischen Kräfte in sich, durch die das Treffen ermöglicht wird. Er symbolisiert die Verbindung von Himmel und Erde, Großem Geist und Menschen. Oft trägt er auch ein Blitzsymbol, das das »Aufschlagen verhärteter Herzen durch Peyote versinnbildlicht«. Die Rassel symbolisiert die direkten Gebete an Gott und die Trommel das Herz und den Herzschlag.

Zwischen dem Altar und dem Feuer steht ein lebender Peyote-Kaktus, der *Chief-Peyote,* die Inkarnation von wakan tanka, dem Großen Geist. Die Teilnehmer am Ritual setzen sich im Kreis um den Altar und das Feuer. Es werden Gebete gesprochen und Lieder gesungen. Rundherum werden getrocknete oder frische Peyotescheiben oder ein Gefäß mit Peyotetee gereicht. Alle Teilnehmer sollen eine gleiche Grundmenge bekommen. Darüber hinaus kann jeder soviel mehr Peyote nehmen, wie er mag oder verträgt. Während der Kaktus langsam zu wirken beginnt, werden Peyotestab, Rassel und Trommel im Uhrzeigersinn herumgereicht. Wer den Peyotestab hält, singt zur Rassel, die er rhythmisch schüttelt, seine Peyotelieder. Der Teilnehmer neben ihm schlägt die Trommel im Takt dazu. Tritt die Wirkung des Peyotes ein, wird das Ritual zum Mysterium, zur Schöpfung selbst: »Großvater Peyote vereinigt uns alle in Liebe, doch zuerst muß er uns trennen, uns von der Außenwelt abschneiden, uns dazu bringen, in unser Inneres zu schauen. (...) Ein neues Verständnis dämmert in dir – freudig und heiß wie das Feuer oder bitter wie das Peyote... Du wirst Leute sehen, die sich zu einer Kugel zusammenkrümmen, als wären sie noch im Bauch ihrer Mutter, sich an Dinge erinnernd, die noch vor ihrer Geburt lagen. Die Zeit und der Raum wachsen und schrumpfen auf unerklärliche Weise – eine ganze Lebensspanne des Seins, Lernens, Verstehens zusammengepreßt in ein paar Sekunden der Einsicht, oder die Zeit steht still, bewegt sich überhaupt nicht, eine Minute wird zu einem ganzen Leben.« So der Medizinmann Leonard Crow Dog. Auf dem Höhepunkt des Rituals wird in der Mitte die Glut des Feuers zu einem Herzen geformt. Es stellt Großvater Peyote selbst dar: »Peyote ist das Herz. Was in uns liegt. Er läßt uns eins werden.«

Am Ende des Rituals verspüren alle Teilnehmer eine tiefe Demut, Dankbarkeit und allgegenwärtige Liebe, denn die »Medizin hat alle nebensächlichen Gefühle ausgelöscht, bis nur noch Liebe übrigblieb.«

Kreisrituale mit MDMA

Seit der Entdeckung der psychedelischen Wirkung des LSD sind in verschiedenen Therapieformen psychoaktive Substanzen als Hilfsmittel benutzt worden. Dabei hat sich gezeigt, daß die therapeutische Wirkung einer Droge sehr stark von dem *Setting*, dem Erfahrungshintergrund des Therapeuten und den Erwartungen des Patienten abhängt.

Der mexikanische Psychiater Salvador Roquet hat Ende der Sechziger Jahre begonnen, psychotherapeutische Drogensitzungen nach indianischem Vorbild in der psychiatrischen Praxis einzusetzen. Er orientierte sich an den Ritualformen der Azteken, der Mazateken – besonders an den Pilzzeremonien der María Sabina – und den Heilungszeremonien der verschiedenen Maya-Völker. Er benutzte die stark psychedelisch wirksamen Windensamen *(Rivea corymbosa* und *Ipomoea violacea)*, Psilocybin-Pilze, Peyote, LSD, Ketamin und die sehr kräftigen Samen des mexikanischen Stechapfels *(Datura ceratocaulum)*. Die Ergebnisse dieser Sitzungen veranlaßten Roquet zu dem Konzept der sogenannten *Psychosynthese*. Das gemeinsame psychedelische Erleben hatte sich als sozialtherapeutisch wirksame Institution mit einer ausgewogenen Heilkraft etabliert. Die Sitzungen fanden nachts statt und wurden in schönen Räumen abgehalten. Die Gruppe aus 10 bis 28 Personen setzte sich immer aus alten, drogenerfahrenen Patienten und Neulingen zusammen, so daß der Kreis der Teilnehmer von Sitzung zu Sitzung verändert wurde.

In Kalifornien wurden – durch Roquets Anregungen – Versuche gemacht, bei denen das Peyoteritual der *Native American Church* als therapeutisches Instrument eingesetzt wurde. Manche Psychotherapeuten veranstalteten Rituale, in denen sie den Patienten Peyote oder Psilocybin-Pilze gaben. Nachdem einige indianische Vertreter der *Native American Church* MDMA-Erfahrungen gemacht und MDMA in Heilzeremonien getestet hatten, hielten sie die neue Droge für eine dem Peyote vergleichbare *gute Medizin*. Daraufhin wurde von einigen kalifornischen Psychotherapeuten ein dem Peyotekult nachempfundenes Ritual mit MDMA als Sakrament entwickelt und in vielen Sitzungen getestet. Die Ergebnisse waren verblüffend: weiße Teilnehmer konnten sich sehr leicht und ohne Vorurteile in die fremde Ritualform einfinden und viel persönlichen Nutzen daraus ziehen.

Das MDMA-Kreisritual wurde gut vorbereitet. Die Teilnehmer mußten acht Stunden vor dem Beginn fasten. Das sollte bereits Körper und Bewußtsein auf ein außeralltägliches Erleben einstimmen. Etwa eine Stunde vor Beginn sollten Vitamine (A, C) und Minerale (besonders Magnesium und Kalzium) eingenommen werden. Das Ritual sollte stets nachts oder nach Sonnenuntergang stattfinden. Zu Beginn des Rituals, das in einem schönen, extra dafür hergerichteten Raum stattfindet, setzen sich die Teilnehmer im Kreis hin. Der Therapeut oder die Therapeutin sprechen mit allen Personen, letzte Fragen werden geklärt. Der Raum wird mit Salbei oder Weihrauch ausgeräuchert. Je nach spiritueller Ausrichtung können Gebete oder Wünsche vorgetragen werden. Dann werden der Reihe nach die MDMA-Dosen (zwischen 100 und 250 mg) verteilt. Dazu wird Wasser, eventuell etwas destilliertes Wasser (lediglich ein Schluck), das die Reinheit selbst darstellt, gereicht. Die Substanz und das Wasser werden gemeinsam eingenommen. Jetzt werden die Teilnehmer im Symbolismus des Rituals, den Inhalten und dem Sinn der Zusammenkunft unterrichtet. Der Kreis soll allen Personen die Möglichkeit geben, sich geborgen zu fühlen, niemandem unter- oder übergeordnet zu sein, und sich mit jedem Menschen gleichermaßen verbunden zu fühlen. Wenn das MDMA langsam zu wirken beginnt, werden drei gemeinsame Tänze durchgeführt. Der Leiter der Zeremonie schlägt die Trommel, den Herzschlag des Kreises, dazu. Der erste Tanz ist ein diffuser Tanz, bei dem stampfende Bewegungen gemacht werden. Die Tänzer sollen sich auf das Tier, das in ihnen wohnt, konzentrieren. Dieser Tanz verbindet den Menschen mit der Tierwelt und der Erde. Der zweite Tanz ist ein Rundtanz. Die Teilnehmer stehen hintereinander im Kreis. Sie tanzen im Kreis herum und sollen sich auf den Kreis der Menschen und den Kreis des Lebens konzentrieren. Dieser Tanz verbindet die Gruppe miteinander. Der dritte Tanz ist ein Paralleltanz. Dabei bilden sich zwei Reihen von Tänzern, die sich gegenüberstehen. Man tanzt auf der Stelle. Gedanken und Gefühle der Polarität aller Phänomene sollen vorherrschen. Sind die Tänze beendet, setzen sich die Teilnehmer wieder im Kreis hin. Es kann nochmals eine Runde Wasser gereicht werden. Dann werden der *talking stick,* der »Sprechende Stab«, die Rassel und die Trommel herumgereicht. Wer den *talking stick* und die Rassel in Händen hält, darf sich mündlich, mit Gesang oder nur durch das Rasseln äußern. Wenn er spricht, soll er *vom Herzen* sprechen. Die Person neben ihm begleitet ihn auf der Trommel. Alle anderen Personen sollen sich immer auf den Besitzer des *talking stick* konzentrieren, ohne ihn aber direkt anzusehen. Der Besitzer des *talking stick* darf sich so lange äußern, wie er es selbst möchte und für angemessen hält. Hat er ein Ende gefunden, reicht er den *talking stick* und die Rassel an die Person neben ihm weiter. Er bekommt dann die Trommel und begleitet den nächsten. In dieser Form geht es einmal im Kreise herum. Je nach den Bedürfnissen der Teilnehmer können noch weitere Runden folgen. Zur Beendigung des Kreisrituals wird nochmals eine Runde Wasser gereicht und etwas Salbei oder Weihrauch verbrannt. Im Anschluß kann meditiert oder gemeinsam der Sonnenaufgang betrachtet werden.

Alle Menschen, die an einem derartigen Ritual teilgenommen haben, sagten später, daß sich die Wirkung des MDMA in solchem *Setting* erst richtig entfalten könne. Der Bericht einer 30jährigen Frau macht die Unterschiede sehr deutlich: »*Ecstasy* habe ich schon einmal genommen – vor zwei Jahren in Kalifornien. Ein Bekannter hatte mir das weiße Pulver in Fruchtsaft gemischt. Man hatte mir erzählt, die Droge wirke nicht halluzinogen, sondern auf das Herz. Sie vermittle Sympathiegefühle und euphorisches Wohlbehagen. Ich saß mit J. auf einer sonnenbeschienenen Terrasse; zeitweise gesellte sich ein Mitbewohner des Hauses zu uns. Ich fühlte mich tatsächlich wohl; war zufrieden mit mir und der Welt, als die Droge ihre Wirkung entfaltete. Ich wußte nicht konkret, welche Sensation sie mir bescheren würde und befürchtete, mein Bekannter könne sich, nachdem die Droge die Hemmschwellen weggeschmolzen habe, auf mich stürzen. Doch wir verbrachten einen friedlichen, harmonischen Nachmittag und die Landschaft schien in goldeneres Licht getaucht als sonst.

Einige Zeit später besuchte mich ein Therapeut aus den USA. Er erzählte mir begeistert von einem »Sozialtherapeutikum«, mit dem er gute Erfolge in der Behandlung gestörter Patienten erzielte, und lud mich zu einem »Kreisritual« ein, welches er gemeinsam mit Kollegen entwickelt hatte. Da ich die Droge kennengelernt hatte, verblüffte mich seine Begeisterung, machte mich aber auch neugierig, denn all das, wovon er sprach, war mir verborgen geblieben. Von den 23 Anwesenden kannte ich, außer dem Therapeuten, niemanden. Wir befanden uns in einem leeren, japanisch inspirierten Raum. Die Teilnehmer – zwischen 25 und 50 Jahren – saßen im Kreis. Dr. P. gab uns eine Einführung in Wesen und Bedeutung von Kreisritualen bei Naturvölkern und in den Ablauf des Rituals. Wir nahmen die individuell dosierte Droge zu uns, tanzten allein, zu zweit und in der Gruppe zu den Trommelschlägen. Von der Bewegung außer Atem, begaben wir uns in den Kreis zurück, konzentrierten uns mit gesenkten Augen auf denjenigen, der den *talking stick* hielt und die Rassel schüttelte. Es dauerte 70 Minuten, bis der *talking stick* zweimal die Runde gemacht hatte. Manche sangen, als sie den *stick* hielten, tanzten, sprachen oder schüttelten ruhig die Rassel. Ich begann die Wirkung zu spüren, denn die lange Konzentration auf den Kreis, auf jeden einzelnen und auf mich in Bezug zu dem Kreis erfüllte mich mit ungeheurer Energie. Plötzlich spürte ich, daß die Energie mir in Wellen von den anderen Teilnehmern entgegenschlug. Meine Erwartungshaltung den kommenden Ereignissen gegenüber irrte nicht ziellos im Raum umher, sondern kon-zen-trierte sich – im wahrsten Sinne des Wortes. Ich fühlte mich im Einklang mit mir selbst, der Welt, dem Kreis von Menschen um mich. Als das Ritual beendet war, brauchte ich keinen Kontakt zu den fremden Menschen um mich zu suchen. Der Kontakt war da und fremd war niemand mehr. Absichtslos, planlos, teilten wir einen beglückenden Augenblick. Wir tauschten uns über das Erlebte aus und stellten fest, daß dieser Zustand bedingungslosen Vertrauens uns allen vertraut, aber seit langem verschüttet war.«

Ein Mann, der an einem gleichen Kreis teilnahm, machte eine ekstatische Erfahrung: »Ich erfuhr das Universum als Ausdruck der Liebe: Wir werden durch Liebe erschaffen, gestalten mit Liebe unser Leben und erschaffen durch Liebe neues Leben. Der kosmische Plan manifestiert sich in dieser Liebe, die immer wieder aus sich selbst heraus entsteht. Im Fest der Liebe feiern wir den Grund unseres Daseins.«

Claudia Müller-Ebeling
Christian Rätsch

Die neue Psychotherapie: MDMA und der Schatten

Der Gebrauch psychedelischer Drogen durch die moderne Psychotherapie begann vermutlich in den frühen sechziger Jahren. Von MDMA (Methylendioxymethamphetamin), inzwischen auf der Straße als XTC bekannt geworden, erfuhren bestimmte Mitglieder der Gemeinschaft der Therapeuten psychischer Erkrankungen aufgrund der Anstrengungen eines inzwischen verstorbenen älteren Psychologen, den ich in der Folge Adam nennen werde. Adam hatte in aller Stille bewußtseinserweiternde Drogen an viele sorgfältig ausgewählte Patienten und Freunde abgegeben, um ihr psychologisches und spirituelles Wachstum zu fördern. Die Macht von MDMA entdeckte er 1972 mit Hilfe meines Mannes Sasha Shulgin. Dieser hatte das originale deutsche Patent von 1912 ausgegraben und die Verbindung in seinem Labor hergestellt. Er stellte es Adam als mögliches Antidepressivum vor.

Nachdem er die Droge selbst ausprobiert hatte, begann Adam, der bereits kurz vor seiner Pensionierung stand, mit einer neuen Behandlungsweise. Er widmete sich fast nur noch der Ausbildung innovativer und couragierter Psychologen und Psychiater aus den ganzen Vereinigten Staaten und schließlich auch aus Europa im Gebrauch von MDMA in der Therapie. Während der Gedenkfeier anläßlich seines Todes sagte einer seiner engsten Freunde zu mir: »Ich glaube, daß Adam, alles in allem, in den letzten zwölf Jahren etwa 4000 Leute weltweit im Gebrauch von MDMA ausgebildet hat.«

Als erstes verabreichte er die Droge immer an die Therapeuten. Seiner Meinung nach hat kein Therapeut irgend eine Berechtigung, einer anderen Person bewußtseinsverändernde Drogen zu verabreichen, solange nicht er, der Therapeut, deren Wirkungen an sich selbst erlebt hat. Diese Regel wurde von allen beachtet, die Adam im Verlauf dieser Art von Arbeit nachfolgten und sie ist immer noch gültig. Sie gilt nicht nur für MDMA, sondern für jede psychoaktive Droge.

Ganz besonders gilt diese Regel jedoch für Psychedelika, Entheogene und Entaktogene (MDMA ist ein Entaktogen). »Entheogen« heißt »die Erweckung des Gottes im Inneren«; »Entaktogen« bedeutet »das Selbst im Inneren berührend«.

MDMA wurde zum bevorzugten Werkzeug der Psychotherapeuten. Es ist auch bei der Anwendung an den Patienten sicher, die emotional zu zerbrechlich sind, um von einem der Psychedelika zu profitieren. Unter MDMA gibt es keinen Kontrollverlust, und es ruft keine der dramatischen visuellen Veränderungen hervor, welche die Einnahme von Psychedelika begleiten. Solche Wirkungen können beunruhigend sein und tragen nicht notwendigerweise zur Qualität der inneren Erfahrung bei.

Die grundlegende Struktur einer psychedelischen Therapiesitzung hatte sich seit den sechziger Jahren entwickelt. Als MDMA verfügbar wurde und sich als »Penicillin für die Seele« erwies, gab es bereits einen beträchtlichen Erfahrungsschatz, der als Grundlage der neuen Therapie genutzt werden konnte.

Hier möchte ich einen sehr knappen Überblick über bestimmte Aspekte dieser Art von Arbeit geben, mag sie unternommen werden, um Probleme zu lösen, oder um die spirituelle Entwicklung zu fördern. Wodurch unterscheidet sich zum Beispiel die Therapie mit MDMA oder einer anderen psychoaktiven Droge von den allgemein akzeptierten Formen der Psychotherapie und Hypnotherapie?

Wenn Sie der Therapeut sind, dann denken Sie daran, daß ein Vertrag geschlossen werden muß, bevor irgend eine Droge eingenommen wird. Verbal, von Angesicht zu

Angesicht mit dem Klienten. Dabei müssen Sie bedenken, daß Sie nicht nur zu seinem bewußten Sein sprechen, sondern auch zum ebenfalls lauschenden Unbewußten.

Der Vertrag umfaßt die folgenden Regeln. Die genaue Formulierung kann nach Ermessen des Therapeuten geändert werden. Dabei muß der Inhalt allerdings unverändert bleiben.

1. Alle sexuellen Gefühle sind zulässig. Sie können und sollten diskutiert werden, werden hier jedoch nicht körperlich ausgelebt.

2. Gefühle von Feindschaft und Wut sind zulässig. Über sie kann und sollte gesprochen werden. Sie dürfen jedoch nicht mir oder meinem Eigentum gegenüber ausgelebt werden, außer in einer Weise, der beide von uns zugestimmt haben.

3. Wenn du (der Patient) das Tor des freundlichen Todes siehst und weißt, daß du, indem du es durchschreitest, dein Leben beenden kannst, dann wirst du das während dieser Sitzung nicht tun. Du wirst Dein Leben nicht auf diese Weise beenden, wenn du hier bei mir bist. Eine solche Handlung würde mir große Verletzungen beibringen und du wirst mich nicht verletzen, so wie ich dich nicht verletzen werde.

4. Du schwörst ohne Ausnahme und Vorbehalte diese Regeln zu befolgen.

Die erste Regel erklärt sich selbst.

Die zweite Regel muß, damit man ihre Wirkung versteht, genauer erläutert werden: Der Therapeut sollte es dem Patienten natürlich ermöglichen, seinem Zorn Ausdruck zu geben. Ja, er soll seine Gefühle der Wut und sein Verlangen zu töten - falls solche Gefühle als Reaktion auf zutage geförderte Erinnerungen aufsteigen - ausleben können. Dies kann geschehen, indem man alte Decken, Kissen oder ähnliches zur Verfügung stellt. Auf diese kann der Klient einschlagen oder sie zerreißen. Vorher vereinbart man mit dem Klienten, wann, wie und wo dies geschehen kann. (Der Therapeut kann einen für diesen Zweck reservierten Raum bereithalten.) All dies muß dem Klienten sorgfältig erklärt werden, nachdem er dem Vertrag zugestimmt hat.

Was nun die Regel Nummer 3 betrifft: die Worte dieser Regel mögen kalt und gleichgültig klingen. Aber der Patient wird darauf mit einem plötzlichen Schock des Verstehens reagieren, daß das, worüber hier gesprochen wird, im wahrsten Sinne des Wortes eine Sache von Leben und Sterben ist. Sein Unterbewußtsein wird die Tatsache registrieren, daß, was auch immer während der kommenden Sitzung geschehen mag, es Regeln gibt, denen gefolgt werden muß.

Das Tor des Todes ist eine tatsächliche Erfahrung, der die meisten Erforscher der Welt der menschlichen Psyche irgendwann begegnen werden. Es nimmt viele Formen an, die meisten davon sanft einladend, und es strahlt die Botschaft aus: »Hier findest Du den Weg nach Hause, wenn Du Dich entschließt, dahin zurückzukehren.« Es verführt und es lockt nicht; es ist einfach da. Wenn es einem zutiefst deprimierten Patienten erscheint, dann mag es ihm als Ausweg aus Schmerz und Verzweiflung erscheinen. Ohne den Vertrag könnte die Versuchung, das Tor zu durchschreiten, überwältigend sein. Einige Leute haben dieser Versuchung nachgegeben und wurden wieder zurückgesandt. Aber wir haben von einem Fall gehört - und es mag mehr davon geben - der auf der anderen Seite dieser ôffnung verblieb. In solch einem Fall sieht sich der Therapeut nicht nur dem Tod seines Patienten gegenüber, sondern ihn erwartet auch das rechtliche und berufliche Fiasko, das unausweichlich daraus folgt.

Es gibt noch andere Unterschiede.

Jede Sitzung, bei der diese Art von Drogen verwendet wird, dauert mit MDMA mindestens sechs Stunden und oft sogar acht bis zehn mit einem Psychedelikum. Die Dauer der Sitzung wird nicht nur durch die Art der verwendeten Droge bestimmt, sondem auch dadurch, ob ein kritisches psychologisches oder spirituelles Problem durchgearbeitet wird.

Meiner Erfahrung nach beginnen die wichtigsten emotionalen Konfrontationen oder spirituellen Kämpfe sehr oft zu dem Zeitpunkt, zu dem eigentlich die Wirkung der Drogen nachlassen sollte, also etwa während der letzten Stunde der Sitzung.

Die meisten Sitzungen mit einem Patienten oder Klienten beinhalten einige intensive Arbeit, die gut innerhalb von sechs Stunden begonnen und beendet werden kann, oft schon früher. Trotzdem ist es eine der wichtigsten Regeln der psychedelischen Therapie, daß der Therapeut - wie müde er sich auch fühlen mag - die Sitzung NICHT abkürzen DARF, wenn in letzter Minute ein vitaler Kampf stattfindet. Er muß mit dem Klienten zusammen bleiben und weiter mit ihm arbeiten, bis der Durchbruch erzielt wurde.

Die menschliche Psyche besitzt ihren eigenen privaten und persönlichen Zeitplan für Ihre Entwicklung. Sie macht auf ihre eigene Weise wichtige Schritte innerhalb ihrer eigenen Zeit. Aufgabe des Therapeuten ist es, diesen Prozeß zu unterstützen, sich selbst, sein Herz, seine Seele und seine Einsicht der Führung und dem Beistand der harten Arbeit, die sein Klient tut, zu widmen.

Wenn andererseits der Klient entscheidet, daß er zu müde ist, um weiter zu arbeiten, dann ist dies das Signal, daß seine Psyche die Tür schließt und damit jedermann sagt: »Genug für heute« und nur dann sollte der Therapeut beginnen, die Sitzung zu einem Ende zu bringen.

MDMA ist ein Entaktogen, einige Leute bezeichnen es auch als Entheogen. Es ist eine die Einsicht fördernde Droge. Einer der Wege, auf die sie die Einsicht in die Funktion ihres Benutzers ermöglicht ist, daß sie tiefsitzende Angst nimmt. Diese verspüren die meisten von uns, wenn wir - um den Jung'schen Ausdruck zu verwenden - mit unserem eigenen Schatten konfrontiert sind, oder mit unserer dunklen Seite.

Bei nahezu jedem, der es nimmt, steigt anstelle der Angst eine friedvolle Akzeptanz all dessen auf, was ihm begegnet. Er verspürt ein ungewohntes Mitgefühl für sich selbst. In anderen Worten: Er nimmt all die Aspekte seiner eigenen Natur an: freigiebig und selbstsüchtig, liebenswürdig und rachsüchtig, liebevoll und verabscheuungswürdig zu sein.

Ich habe diese Erfahrung der bedingungslosen Selbst-Akzeptanz oft als »In den liebenden Händen Gottes gehalten werden« beschrieben. Sie kann sowohl für sich selbst genommen als auch aufgrund der daraus resultierenden Folgen als eine der heilsamsten Erfahrungen betrachtet werden, die irgend ein Mensch erleben kann.

Hat der Klient einmal - möglicherweise zum ersten Mal, soweit seine Erinnerung reicht - eine solch absolute Bestätigung der Gesamtheit dessen erfahren, was ihn ausmacht, dann fallen alte Abwehrmechanismen von selbst von ihm ab. Es ist nicht mehr so wichtig, sich gegen seinen eigenen Schatten, seine dunkle Seite, zu wehren. Der Therapeut sollte ihn daran erinnern, daß diese sich in ihm, wie in jedem anderen menschlichen Wesen, befindet, weil sie einen Zweck zu erfüllen hat. Dieser Zweck sind der Selbstschutz und das Überleben. Nicht nur das Überleben des physischen Körpers, sondern auch eines Selbstbildes, das vom Unterbewußten geschaffen wurde, damit er mit einem bestimmten Grad an Selbstakzeptanz durchs Leben findet.

MDMA wird es ihm ermöglichen, éнderungen an sich selbst in Erwägung zu ziehen, ohne daß ihn Schuld oder Selbstablehnung dabei begleiten. Der Grad an Einsicht, der während einer Sitzung erreicht wird, bei der MDMA oder andere Drogen, wie 2CB (ein relativ kurz wirkendes Psychedelikum) verwendet werden, hängt vor allem von der

Bereitschaft des Patienten ab, sich seiner dunklen Seite oder seinem Schatten zu stellen. Von seiner Bereitschaft, sie anzunehmen, die unterdrückten und abgeschirmten, lange verleugneten Aspekte seines Wesens. Um es in buddhistischen Begriffen auszudrücken: er wird aufgefordert, sich den Dämonen zu stellen, die als die Wächter der Tore bekannt sind. Die Aussicht darauf, nun zu sehen, was er unbewußt im Kern, in seiner Substanz, zu sein glaubt: Eine Serie entsetzlicher, bösartiger, völlig unakzeptabler Entitäten, kann einen Grad an Furcht erwecken, zu dem es im gewöhnlichen Leben keine Entsprechung gibt.

Man darf niemanden unvorbereitet dazu auffordern, die Arbeit zu leisten, sich der Konfrontation mit seinem Schatten zu stellen. Der Therapeut muß dem Klienten vorher sagen, daß das, was er sehen und fühlen wird *nicht* die ganze Realität seines Wesens ausmacht. Er wird nur einen wichtigen und unentbehrlichen Teil davon erleben.

Es sollte vor jeder Drogeneinnahme eine größere Diskussion stattgefunden haben. Nicht nur über die Natur und die Funktion des Schattens, sondern auch über die Notwendigkeit, Mitgefühl mit dem unschuldigen Kind zu haben, das der Klient einmal war. Er sollte verstehen, wie und warum dieses Kind als Folge einer Anstrengung, in einer Welt zu überleben, für die ihm die Ausrüstung fehlte, bestimmte Verhaltensgewohnheiten und emotionale Antworten auf seine Umwelt entwickelte, um mit ihr zurechtzukommen oder sie zu kontrollieren.

In dieser einleitenden Diskussion kommt die Erfahrung und Überzeugungskraft des Therapeuten zum Zuge. Er MUSS diese Art von emotionaler und spiritueller Reise selber unternommen haben, bevor er seinen Klienten bittet, sie zu unternehmen. Er selber muß die den ganzen Körper durchziehende Furcht gefühlt haben, die sich einstellt, wenn sich eine Sicht auf den Kern des Selbst öffnet, mit der er nicht gelebt haben könnte, wenn sie wirklich seine wahre Natur wäre. Und er sollte von einem Therapeuten oder Freund begleitet worden sein, der wußte, wie er ihn durch dieses erschreckende Gebiet und auf der anderen Seite wieder hinaus führen muß. Nur ein Therapeut, der sich diesem Prozeß der Selbst-Konfrontation unterzogen hat, kann mit unmißverständlicher Autorität und Glaubwürdigkeit zu einem Klienten sprechen, der mit intensiven, tiefen éngsten kämpft.

All diese Erklärungen und nochmaligen Absicherungen müssen stattgefunden haben, bevor der Klient seine endgültige Entscheidung darüber trifft, ob er MDMA oder eine andere psychedelische Droge nimmt. Dies ist die unabdingbare Vorbereitung, ohne die die Drogensitzung verschwendet sein könnte.

Wenn der unbewußte Teil der Psyche die mögliche Zerstörung eines benötigten und lange genährten positiven Selbstbildes voraussieht; wenn er Schritte draußen vor der massiven Tür hört, die seinen Monsteraspekt die meiste Zeit seines Lebens davor bewahrt hat, gesehen zu werden, dann ist ein mögliches Resultat, daß auf die Droge überhaupt keine Reaktion erfolgt. Keine Einsichten, keine Bilder, gar nichts. Es kann auch ein akuter Angstzustand ausbrechen, der alle anderen Wirkungen überdeckt und die Aufmerksamkeit der Beteiligten ablenkt.

Es gibt noch anderer Arten, auf die sich MDMA oder andere psychedelischen Therapien (oder auch die Führung zur spirituellen Entwicklung) von der herkömmlichen Analyse oder Psychotherapie unterscheiden.

Es ist sehr wichtig, daß der Therapeut seine ganzen vorgefaßten Theorien und Glaubenssysteme, seien sie nun psychologisch oder spirituell, soweit als möglich ablegt. Seine Haltung muß die eines Studenten sein, der einen neuen Bereich des Universums erlernt, ihn zum ersten Mal sieht. Der Klient ist eine neue Welt, ganz verschieden von jedem anderen, den er zuvor getroffen hat. Der Therapeut muß bereit sein, eine Sprache aus Bildern und Symbolen zu erlernen, die dieser Welt zu eigen ist.

Er muß seine Augen und Ohren offen halten und mit allen Sinnen wachsam sein. Nur so kann er damit beginnen, einen Eindruck von der emotionalen und spirituellen Struktur und den Überlebensregeln zu bekommen, die das Leben in dieser einzigartigen menschlichen Landschaft prägen. Der Therapeut sollte sich daran erinnern, daß die Psyche seines Klienten einen Teil beinhaltet, der ein Selbst-Heiler ist. Dies ist eine Komponente dessen, was in Ermangelung eines besseren Ausdrucks das Höhere Selbst genannt werden könnte. Ich ziehe es vor, dies den Überblicker zu nennen. Der Therapeut sollte dem Klienten von der Existenz dieses inneren Heilers erzählen, weil er ihm dadurch hilft, diesen zu aktivieren.

Es gibt eine weitere Regel, von der ich glaube, daß sie von jedem Therapeuten, der diese Art von Reise mit einem Patienten oder Freund unternimmt, berücksichtigt werden muß. Er sollte in der Lage sein, etwas wie Liebe für die Person zu empfinden, die er führt. Er sollte wirkliche Fürsorge spüren. Das darf nicht nur ein intellektuelles Interesse daran sein, daß es dem Patienten gut geht, sondern es muß tiefer gehen, auf der Gefühlsebene wahrgenommen werden.

Wie wir alle wissen, kann wirkliche Sorge, wie auch Liebe, nicht erzwungen werden. Der Therapeut sollte genug Einsicht in sich selbst haben, um sich darüber klar zu sein, welche Gefühle er wirklich gegenüber dem Klienten hegt.

Wenn es Feindseligkeit oder Befürchtungen in ihm gibt, dann muß er bereit sein, die notwendige innere Arbeit zu tun, um den Grund für diese Gefühle zu entdecken. Er muß an den daran beteiligten Projektionen arbeiten, welche auch immer das sein mögen. Wenn er sie nicht vollständig auflösen kann, sollte er den Klienten zu einem anderen Therapeuten schicken. Ich spreche nicht über solche Gefühle wie eine momentane Irritation oder Ungeduld. Diese können auf ganz natürliche Weise als Antwort auf vieles auftreten, und sie negieren die grundlegende Liebe oder das Mitgefühl nicht.

Die eigene vorangegangene Ausbildung des Therapeuten mit MDMA und psychedelischen Drogen wird im Zusammenhang mit der Fähigkeit, sich um seinen Patienten zu sorgen und ihn zu bejahen, wichtig. Wenn er selbst genug Erfahrungen mit diesen Werkzeugen hat, dann hat er oder sollte er bestimmte spirituelle Stufen erklommen haben. Dabei müßte er an bestimmte Orte in ihm selbst gelangt sein. Einer davon ist die oft erwähnte »Mystik der Anteilnahme« wie sie der große Anthropologe Eliade nannte. Zu ihr kommt es gewöhnlich im Verlauf der ersten MDMA- oder psychedelischen Erfahrung, wenn die Sitzung, so wie es sein sollte, in relativ natürlicher Umgebung abgehalten wird.

Er wird das Gefühl der Verwandtschaft mit jedem lebenden Ding gespürt haben. Er wird aus seinem inneren Kern heraus, nicht in Form intellektuellen Wissens, gewußt haben, daß ihm jedes Tier, jede Pflanze und jeder Mensch verwandt sind. Er wird gespürt haben, daß alles Lebende in seinem Inneren das Wesen Gottes trägt, einen Funken des großen Geistes, und daß wir in der Tat sehr individuelle Teile eines lebenden, bewußten Wesens sind.

Was ihm zuvor nur als ein schönes, poetisches Konzept gefallen haben mag, wird plötzlich Realität angenommen haben. Die profunde Wirkung dieser Erkenntnis wird für den Rest seines Lebens ein Teil von ihm geworden sein.

Erfuhr er erst einmal das Privileg, an diesem Ort seiner Seele gewesen zu sein, dann wird es ihm daraufhin möglich, sein wahres Mitgefühl, ja Liebe für einen Klienten zu spüren, der sich anschickt, sich ihm zu öffnen. Er wird wissen, daß diese Person, mit der er arbeitet, in spirituellem Sinn seine Eltern, sein Bruder und sein Kind ist.

Ich habe die Erfahrung der Konfrontation mit dem Schatten angesprochen. Dem sollte ich hinzufügen, daß es einen wichtigen Punkt gibt, in dem sich die psychedelische Exploration von der Jung'schen und anderen Analysen unterscheidet. Dies betrifft die Art dem Schatten gegenüberzutreten und diesen anzuerkennen. Ein Jung'scher Analytiker wird seinen Klienten ermutigen, seinen Schatten so klar zu sehen, wie er kann - zu sehen, welche Form er annimmt, zu spüren, welche Eigenschaften er hat. Dann wird er damit fortfahren, am Verstehen seines Ursprungs und seiner Funktionen zu arbeiten. Schließlich wird der Schatten sich in einen Verbündeten des ganzen, integrierten, bewußten Selbst verwandeln.

Es klingt vielleicht nicht nach einem dramatisch wichtigen Unterschied. Aber ein Therapeut, der mit MDMA oder einer psychedelischen Droge arbeitet, wird seinem Klienten behutsam helfen, einen zusätzlichen Schritt zu tun, sobald er die volle Sicht auf seinen Schatten hat. Dieser nimmt gewöhnlich, aber nicht immer, die Form eines großen, machtvollen Tieres an. Er wird den Klienten drängen, sich der dunklen Gestalt, die er trifft, zuerst zu stellen, dann in sie hineinzugehen. Er muß arbeiten, um in die Haut des Biestes zu gelangen und durch seine Augen hinaus zu blicken. Hier an diesem Punkt, muß vielleicht ein Kampf ausgefochten werden. Nicht nur, weil der bewußte Mensch seinen eigenen Abscheu bekämpfen muß, seine Scham über und seine Furcht vor diesem verbotenen Aspekt seiner Psyche. Die Seele kann auf den Schatten den gleichen Widerstand dagegen projizieren, vom bewußten Menschen gesehen oder berührt zu werden.

Einige Menschen scheinen in der Lage zu sein, direkt in den Schatten hinein zu treten, nachdem sie ihn akzeptiert haben. Andere müssen, um dahin zu gelangen, kämpfen und brauchen dazu die starke, geduldige und liebevolle Unterstützung und Ermunterung seitens des Therapeuten.

Die erste Reaktion auf das erfolgreiche Verschmelzen ist gewöhnlich Erstaunen wegen der ungewohnten Abwesenheit von Furcht jeder Art. Die zweite ist wachsendes Gefallen und dann offene Hochstimmung beim Gefühl von Macht, immenser, furchtloser Macht, die diese Kreatur charakterisiert.

Die Stufe, den Schatten von innen kennenzulernen, kann länger als eine Sitzung dauern. Ich habe aber auch oft gesehen, daß diese Arbeit an einem Tag abgeschlossen wurde. Wenn der Klient lernt, seinen Schatten und dessen primäres Ziel zu verstehen und zu akzeptieren, dann wird eine Transformation beginnen.

Schließlich wird der Schatten seinen Platz als aufrichtiger Verbündeter und Beschützer einnehmen. Wenn er gebraucht wird, steht er dem ganzen Selbst zur Verfügung, ist vom bewußten Geist respektiert und bestätigt, wird aber niemals vollständig gezähmt sein oder gar über gute Tischmanieren verfügen. In anderen Worten, das Endziel entspricht dem der Jungianer.

Eine traurige Erinnerung zum Schluß:

Seit der »Analog Drug Bill« von 1986 (ein Gesetz, das Substanzen verbietet, die in ihrer Wirkung bereits verbotenen Substanzen ähneln) verabschiedet worden ist, sind diese Art von Therapie und spiritueller Reise in den Vereinigten Staaten dann illegal, wenn sie unter Verwendung dieser unbezahlbaren Werkzeuge durchgeführt werden. Seit tausenden von Jahren existiert bei eingeborenen Kulturen auf der ganzen Welt die spirituelle Unterweisung mit Hilfe visionärer Pflanzen. Trotzdem haben moderne Regierungen, mit wenigen Ausnahmen, versucht, den Gebrauch bewußtseins-öffnender Pflanzen und Chemikalien zu unterdrücken. Sie klassifizierten sie zusammen mit gefährlichen Narkotika und Stimulantia als suchtauslösend und als ohne sozialen Wert. Welch willkürlicher Irrtum!

Vielleicht geben Sie der nahezu universellen Ignoranz seitens der Gesetzgeber und des größten Teils der Allgemeinheit weltweit in Bezug auf Psychedelika und deren angemessenem Gebrauch die Schuld dafür.

Ich sehe diese Schuld woanders: eine intensive unbewußte Furcht vor den verborgenen Tiefen der menschlichen Psyche und eine uneingestandene Gewißheit, daß der Schatten existiert. Er ist in der Tat der ultimate, schreckliche Tiefpunkt der Wahrheit über die Natur des Menschen. Dieser Glaube wurde in den meisten von uns auf tausend verschiede Arten durch Familie, Kultur und allzu oft auch durch die Religion genährt.

Es liegt an uns, und an anderen, die genauso stark wie wir empfinden, herauszufinden, wie wir das in unserer eigenen Nation ändern können. In vielen anderen Ländern, in Europa und Südamerika, scheint ein Wandel dieser Einstellung bereits begonnen zu haben.

Mir scheint, daß diese Art von spiritueller Reise und diese Art von Verstehen und Transformation der dunklen Seite der Seele als notwendiger Teil des menschlichen Überlebens gesehen werden muß. Sonst kann die menschliche Art wohl kaum noch viel länger auf der Erde weiterbestehen.

Ann Shulgin

Dies ist die überarbeitete und durchgesehene Fassung eines Vortrags, der auf der Konferenz über psychoaktive Sakramente gehalten wurde. Sie fand vom 16. - 19. Februar 1995 im Vallombrosa Center, Menlo Park, Californien, U.S.A statt und wurde vom Chicago Theological Seminary und dem Council on Spiritual Practices unterstützt.

Ecstasy als Techno-Droge im knappen Überblick

Was ist Ecstasy?

Ecstasy oder auch "E" ist der gängige Name für Tabletten und Pillen, die eine Droge mit dem chemischen Namen Methylendioxymetamphetamin, kurz MDMA, enthalten.

Wer verwendet Ecstasy?

Ecstasy wird von vielen ganz unterschiedlichen, meist jüngeren Menschen eingenommen. Die überwältigende Mehrzahl von ihnen ist völlig gesund und in jeder Beziehung normal. Sie verwenden diese Droge, weil sie ihnen zu einer meist als angenehm empfundenen Erfahrung verhilft.

Wo kommt Ecstasy her?

Ecstasy wird illegal von Untergrundchemikern hergestellt. Meist stammt es aus Holland oder Ländern des ehemaligen Ostblocks.

Was kostet es?

Ecstasy war einmal sehr teuer und kostete etwa 40 bis 80 DM pro Tablette. Während der letzten Jahre ist der Preis dramatisch gefallen. Eine einzelne Tablette kostet zur Zeit 20 bis 50 DM. Größere Mengen bekommt man billiger. Vor Jahren benutzten die Leute Ecstasy nur an den Wochenenden und zu speziellen Anlässen. Da es heute billiger ist, nehmen die Leute mehr davon oder öfter und nicht mehr nur in Discos.

Ist Ecstasy illegal?

Ecstasy ist in der Anlage 1 des Betäubungsmittelgesetzes aufgeführt. Damit unterliegt es der gleichen Klassifizierung wie z.B. Heroin. Der Besitz ist vollständig illegal. Wird man mit einer Pille in der Tasche erwischt, und es wird angenommen, sie wäre für den Eigenbedarf, dann kann man Glück haben und das Verfahren wird eingestellt. Es kann aber auch zu einem Gerichtsverfahren kommen. Die Strafen sind von Bundesland zu Bundesland und von Richter zu Richter unterschiedlich. Wird man mit etwas mehr erwischt, und die Justiz nimmt an, man wollte die Pillen verkaufen, dann werden durchaus auch Gefängnisstrafen verhängt.

Wieviel MDMA ist in einer Pille enthalten?

Beschlagnahmte Pillen werden von der Polizei untersucht. Diese jedoch weigert sich, ihre Untersuchungsergebnisse zu veröffentlichen, obwohl die Untersuchungen mit Steuergeldern bezahlt werden.

Daß hier ganz bewußt die Chance vertan wird, junge Menschen zumindest vor schlechten Pillen mit unerwünschten Inhaltsstoffen konkret zu warnen, wirft ein bezeichnendes Schlaglicht auf die derzeitige Drogenpolitik.

In Berlin, wo der Verein Eve & Rave Tabletten und Kapseln auf ihre Zusammensetzung hin analysiert, wurde je nach Typ der Pille ein MDMA-Gehalt von 48 mg bis 160 mg festgestellt. Einige der untersuchten Pillen enthielten MDE (MDEA, Eve). Hier reichte der Gehalt von 50 bis 175 mg. Weitere Pillen enthielten: MDMA und MDE als Kombination, MDA, MDMA und MDA als Kombination, MBDB, 2CB, 2CB und MDMA als Kombination. Weitere Mischpräparate enthielten: MDMA, Ephedrin, Coffein, Chinin, Paracetamol, DOB und Ascorbinsäure in wechselnder Zusammensetzung und Dosierung. Schließlich wird auch Metamphetamin alleine oder in Mischungen verkauft. Der Metamphetamin-Gehalt lag bei 12 bis 67 mg. pro Pille.

Von 131 analysierten Pillen und Kapseln enthielten 57% nur MDMA, 21 % nur MDE und 7,6 % eine Kombination beider Stoffe. Damit enthielten 86 % der Proben nur MDMA und/oder MDE.

MDA, MDE, MDMD und 2CB sind keine Fälschungen oder Verunreinigungen im engeren Sinne. Es handelt sich dabei um chemische Verwandte des MDMA mit vergleichbaren Wirkungen und Risiken. Anders sieht es aus, wenn "Speed" (Metamphetamin) als Ecstasy verkauft wird. Die Risiken sind hier wesentlich gravierender als bei den vorgenannten Substanzen.

Giftstoffe wie Strychnin oder Rattengift wurden in keiner einzigen Probe gefunden, ebenfalls keine Drogen wie Heroin oder Kokain. Herstellungsbedingte Verunreinigungen (Ausgangs- oder Nebenprodukte der Synthese) lagen in 65% der Fälle unter 0,5%.

Alle diese Daten stammen aus Berlin. Dort hat sich die Qualität der Pillen seit Beginn der Arbeit von Eve & Rave kontinuierlich verbessert. In anderen deutschen Städten ist die Qualität aufgrund der fehlenden Analysedaten signifikant schlechter. Die ausführliche Dokumentation dieser Untersuchungen verschickt Eve & Rave e.V., Berlin, Postfach 5, D-10039 Berlin gegen DM 6.- Kopierkosten. Im Internet findet man diese Dokumentation unter der Adresse: http://www.meb.uni-bonn.de/giftzentrale/ bei der Giftzentrale des Landes Nordrhein-Westfalen. Eine weitere Datensammlung ist eine Liste mit dem Namen "Und die Welt wird bunt", auch "Pillen-und-Pappen-Liste", abgekürzt udwwb. Sie enthält eine große Sammlung subjektiver Berichte über die Wirkung verschiedenster Typen von Pillen und LSD-Trips, und Analyseergebnisse von Saunders aus England.

Am besten mit einer der Suchmaschinen ins Internet gehen, immer wieder wird diese Liste auch in den Drogengruppen, z.B. de.soc.drogen, veröffentlicht.

Sind die gefälschten Tabletten die gefährlichsten?

Die einfache Antwort lautet nein. Es kann furchterregend sein, eine unerwartete Drogenerfahrung zu machen, oder sehr ärgerlich, um sein Geld betrogen zu werden. Die Todesfälle, die in Zusammenhang mit Ecstasy gebracht wurden, gingen auf das Konto von Pillen, die MDMA enthielten.

Was passiert, wenn man eine Pille nimmt?

Nimmt man eine Pille ein, dann hängt die Wirkung natürlich davon ab, was in der Pille drin ist, und wie hoch sie dosiert ist. Drogen wirken auf verschiedene Leute auf verschiedene Art. Deine Stimmung und Deine Erwartung, was wohl passieren wird, haben wesentlichen Einfluß auf die Art Deiner Erfahrung. Auf Frauen wirken Drogen stärker, weil ihr Körper im allgemeinen kleiner ist, weniger Wasser enthält und sie kleinere Organe besitzen.

Wenn Deine Pille eine durchschnittliche Dosis MDMA enthält (etwa 100 bis 120 mg.), dann wird sie 20 Minuten bis eine Stunde nach der Einnahme zu wirken beginnen. Es ist immer besser, erst einmal mit einer halben Pille anzufangen, als gleich alle Pillen auf einmal zu schlucken. Nimmt man eine halbe Pille und wartet dann mindestens eine Stunde, um erst einmal zu sehen, welche Wirkung das hat, dann behält man zumindest eine gewisse Kontrolle über seine Erfahrung. Die Wirkung läßt sich in deutlich ausgeprägte Phasen unterteilen: das Einsetzen der Wirkung, das Plateau (ein längerer Zeitraum gleichmäßig starker Wirkung) und das Nachlassen der Wirkung ("Herunterkommen").

Das Einsetzen der Wirkung

Das Einsetzen der Wirkung kann bei Ecstasy manchmal sanft erfolgen, bisweilen geschieht es aber auch rauh und plötzlich. Diese Phase dauert etwa 5 bis 20 Minuten. Manchmal gibt es einen richtigen Rush (sehr plötzliches Einsetzen der Drogenwirkung) der einen geradezu nach Luft schnappen läßt (manchmal hilft es, einige tiefe, regelmäßige Atemzüge zu nehmen). Man kann sich auch ein wenig krank fühlen oder muß sogar erbrechen. Es kann sein, daß Du Dich sehr heiß fühlst, da MDMA Deine Körpertemperatur heraufsetzt. Dein Herz wird schneller schlagen. Manchmal verspürt man ein Beklemmungsgefühl oder Steifheit der Muskeln, besonders der Kiefer. Deine Pupillen werden riesengroß, womöglich hast Du Schwierigkeiten, zu fokussieren oder klar zu erkennen, was Du siehst. Oft ist das eine Periode des Verwirrtseins. Das kann erschreckend oder schwierig zu beherrschen sein. Manche Leute verfallen dann in Panik, wovon hernach die gesamte Erfahrung dominiert wird. Erfahrenere Konsumenten überstehen diesen Sturm und erreichen dann das Plateau. Für den Anfänger ist es immer am besten, jemanden mit Erfahrung dabei zu haben, wenn er eine Droge ausprobiert.

Das Plateau

Die Wirkungen einer durchschnittlichen Ecstasy-Pille halten etwa 4-6 Stunden an. Ecstasy ist eine überwiegend stimulierende Droge. Sie bewirkt, daß Du Dich lebhafter und wacher fühlst. Es kann sein, daß Du voller Energie und Interesse an den Menschen und der Welt um Dich herum bist. Stimulierende Drogen wie MDMA geben Dir das Gefühl, als ob Du über grenzenlose Energie verfügen würdest. Sie geben Dir keine zusätzliche Kraft oder Energie, Du verbrauchst die Energiereserven Deines Körpers. Ecstasy löst auch die Ausschüttung einer Substanz in Deinem Gehirn namens Serotonin aus. Dies ist eines der Stoffe, die für Deine Stimmung verantwortlich sind. Wenn Du verliebt bist, dann wird Serotonin ausgeschüttet. So entsteht auch das Gefühl, daß Du denkst, jedermann und alles sei wundervoll.

Das Nachlassen der Wirkung

Das Herunterkommen kann Stunden dauern oder sehr schnell geschehen. Du wirst dadurch, daß Du wach gehalten wurdest, sehr müde sein, besonders wenn Du die ganze Nacht getanzt hast. Du kannst Dich auch ein wenig deprimiert oder schlecht gestimmt fühlen, weil Dein Serotonin-Vorrat erschöpft ist. Es kann unangenehm sein, wenn die Wirkung einer stimulierenden Droge nachläßt. Gib dann nicht der Versuchung nach, andere Drogen zu nehmen, um Dir das Herunterkommen zu erleichtern. Dadurch gerät man sehr schnell in ein Schema regelmäßigen Drogengebrauchs, finde Dich also mit diesen Unannehmlichkeiten ab! Das ist der Preis, den man als E-Konsument zahlen muß.

Ist die stimulierende Wirkung von Ecstasy gefährlich?

Die meisten Menschen finden die stimulierende Wirkung von MDMA angenehm und haben keine Schwierigkeiten mit dem erhöhten Herzschlag. Wenn Du eine Herzerkrankung hast, dann kann das selbstverständlich gefährlich sein. Wenn Du Dir etwas aus den Energiespeichern Deines Körpers borgst, dann fühlst Du Dich natürlich erschöpft, wenn die Wirkung nachläßt. Wenn Du das regelmäßig praktizierst, dann kann Dich das ziemlich müde und fertig machen. Eine Menge Leute machen sich auch deswegen Sorgen, weil sie Rückenschmerzen bekommen und glauben, es wären die Nieren. Im allgemeinen kommen diese Rückenschmerzen vom stundenlangen, endlosen Tanzen und sie sollten sich nach ungefähr einem Tag wieder geben. Falls sie das nicht tun, dann solltest Du Deinen Arzt aufsuchen.

Was ist ein Hitzschlag?

Normalerweise liegt Deine Körpertemperatur zwischen 36 und 37,5 Grad Celsius. Wenn Deine Körpertemperatur zu hoch ansteigt (41 Grad oder darüber) dann kannst Du ernsthaft krank werden oder sterben. Das kann durch anstrengende Arbeit oder andere Aktivitäten (wie die Teilname an einem Marathonlauf) bei sehr heißem Wetter geschehen. Das wird Hitzschlag genannt. Wie gesagt, MDMA oder in diesem Zusammenhang auch jede andere stimulierende Droge lassen Deine Körpertemperatur ansteigen. Da Du das Gefühl vermehrter Energie hast, kannst Du stundenlang ohne Pause tanzen, was Dich noch heißer werden läßt. Bist Du in einer heißen, verschwitzten Disco, tanzt und hast eine Pille mit Ecstasy genommen, dann kann Du als Folge daraus einen Hitzschlag bekommen. Hitzschlag war die Hauptursache der etwa 60 Todesfälle, die mit der Einnahme von Ecstasy in Verbindung gebracht wurden.

Gibt es Warnsignale vor einem Hitzschlag?

Jedes der folgenden Zeichen zeigt eine mögliche Gefahr an: Wenn Du anfängst, Dich sehr heiß oder unwohl zu fühlen. Wenn Du kein Wasser mehr lassen kannst, oder der Urin außergewöhnlich dunkel und dick erscheint. Wenn Du aufhörst, zu schwitzen. Wenn Du Dich sehr matt fühlst.

Wie kann man einem Hitzschlag vorbeugen?

Wenn Du Dich heiß fühlst, dann versuche, Dich auf jede nur mögliche Weise abzukühlen. Hör auf zu tanzen, geh in einen Chill-Out-Bereich, oder geh an die frische Luft, wenn das möglich ist. Fächele Dir Luft zu, öffne zu enge Kleidung. Gieß Dir Wasser über Kopf oder Körper. Hol Dir etwas zu trinken. Es ist besser, regelmäßig immer wieder ein wenig Wasser oder alkoholfreie Getränke zu sich zu nehmen, als große Mengen auf einmal zu trinken. Versuch, etwa einen halben Liter Flüssigkeit pro Stunde zu trinken, wenn Du tanzt und unter dem Einfluß von Ecstasy bist. Fruchtsaft, Softdrinks und isotonische Sportgetränke geben dem Körper die Mineralien, die er braucht. Erdnüsse, Cracker und anderes salziges Essen kann auch helfen, obwohl es manchmal nicht einfach ist, so etwas zu essen, wenn man Ecstasy genommen hat. Alkohol trocknet den Körper weiter aus und sollte deshalb vermieden werden.

Kann man zuviel Wasser trinken?

Es gab zwei oder drei Fälle, wo Menschen starben, nachdem sie zuviel Wasser getrunken hatten. Dies geschah, weil sie sich nach der Einnahme von Ecstasy unwohl fühlten und fälschlich glaubten, daß Wasser ein Gegenmittel gegen Ecstasy sei. Das ist es nicht: Wasser ist ein Gegenmittel gegen Hitzschlag. Sie hatten riesige Mengen Wasser getrunken, bis zu 13 Liter in einem Fall. Das Trinken dieser Menge Wasser innerhalb einer kurzen Zeit hat den Gehalt an Mineralien und anderen Substanzen im Blut soweit verdünnt, daß dies zu Gehirnschwellungen, Koma und schließlich zum Tod führte. Ein halber Liter Wasser pro Stunde ist etwa die richtige Menge, wenn Du in einer Disco tanzt und Ecstasy genommen hast.

Was tue ich, wenn jemand zusammengebrochen ist?

Ruf sofort einen Krankenwagen. Bringe den Ohnmächtigen in die stabile Seitenlage oder lagere ihn zumindest mit dem Mund nach unten. Wenn er erbricht, kann er das Erbrochene so nicht einatmen und dadurch ersticken. Wenn Du etwas über erste Hilfe weißt, dann überprüfe seine Atmung und Herztätigkeit. Wenn der Betroffene sehr heiß ist, dann fächle ihm Luft zu und öffne beengende Kleidung. Versuche niemals, einem Bewußtlosen ein Getränk einzuflößen. Wenn der Sanitäter oder Notarzt da ist, dann sag ihm, was der Betreffende eingenommen hat. Hab keine Angst davor, deswegen in Schwierigkeiten zu geraten. Wenn der Betreffende stirbt, dann gibt es mit Sicherheit weit mehr Schwierigkeiten.

Verliere ich durch die Einnahme von Ecstasy an Gewicht?

Ursprünglich wurde Ecstasy als Appetitzügler entwickelt. Wenn Du eine stimulierende Droge wie Ecstasy verwendest, dann ist Dir vielleicht nicht nach Essen. Tanzt Du dann auch noch lange, dann wirst Du fast sicher an Gewicht verlieren. Einigen Menschen ist diese Wirkung willkommen. Allerdings kann auch dies im Übermaß geschehen und dazu führen, daß sich Leute nicht mehr wohl fühlen. Der Gebrauch von Ecstasy oder anderen stimulierender Drogen mag bei einigen Menschen schon zu Anorexie oder anderen Eßstörungen geführt haben. Versuche während der Woche regelmäßig zu essen und Dich wieder aufzubauen. Der Gebrauch von Ecstasy kann zusammen mit dem Tanzen in einem Club so anstrengend wie ein Marathonlauf sein.

Kann Ecstasy Depressionen auslösen?

Wenn Du Ecstasy sehr regelmäßig nimmst, dann kann die Erschöpfung der Serotoninspeicher Dich ziemlich niedergeschlagen werden lassen. Darüber hinaus sagen Leute oft, daß sie am Wochenende so eine gute Zeit hatten, daß ihnen der Rest ihres Lebens langweilig erscheint. Uns sind einige Leute begegnet, die sich nach längerem Konsum von Ecstasy ernsthaft deprimiert fühlten. Wenn Dir das passiert, dann suche entweder Deinen Arzt auf oder eine Drogenberatungsstelle.

Kann Ecstasy zu psychischen Störungen führen?

Im Fall von Menschen, die unter psychischen Störungen leiden oder gelitten haben, ist es keine gute Idee, Drogen zu nehmen. Das gilt auch für Ecstasy. Latente psychische Störungen können ausgelöst, bestehende psychische Probleme verschlimmert werden. Der Gebrauch von Ecstasy kann zu Panik- und Angstanfällen führen. In einigen Fällen kann das noch lange Zeit, nachdem die Drogenwirkung nachgelassen hat, eintreten. Über einen längeren Zeitraum gebrauchte anregende Drogen können auch Paranoia auslösen. In einzelnen schweren Fällen kann als Folge stationäre psychiatrische Behandlung notwendig werden. Über Gedächtnisverlust und emotionale Schwankungen wird von Ecstasykonsumenten häufiger berichtet. Allerdings halten diese Störungen meist nicht lange an. Wenn die genannten Symptome bei Dir auftreten, dann solltest Du beim Gebrauch von Drogen pausieren. Daraufhin sollten diese Probleme nachlassen und schließlich verschwinden. Falls du Rat brauchst, dann wende dich an deine örtliche Drogenberatungsstelle oder Deinen Arzt.

Verursacht Ecstasy Gehirnschäden?

Es gab in letzter Zeit eine Menge Untersuchungen über die Langzeitwirkungen von Ecstasy auf das Gehirn. Meist wurden dabei Versuchstieren wie Affen hohe Dosen von

MDMA injiziert. Dabei zeigte sich, daß MDMA mit Sicherheit die Serotoninspeicher leert und Rezeptoren für Serotonin in den Affenhirnen zerstört. Einige dieser Rezeptoren bleiben dauerhaft geschädigt, einige wachsen wieder nach, einige wachsen auf veränderte Weise nach. Das kann man sicher als Gehirnschaden bezeichnen. Das Problem ist, daß wir nicht wissen, wie ernst das ist, oder ob das gut oder schlecht für uns ist. Affen können nicht beschreiben, wie sie sich fühlen. Wir wissen nicht, ob bei Menschen die gleichen Wirkungen auftreten und welche Dosen während welcher Zeit notwendig wären, um das menschliche Gehirn zu schädigen.

Welche anderen Risiken bringt der Konsum von Ecstasy mit sich?

Es gibt immer noch zu Vieles, was wir nicht über Ecstasy wissen. Bei einigen Forschungsprojekten wurden Herzschäden und Schäden an anderen Körperorganen gefunden. Wenn Dir ein Medikament von einem Arzt verschrieben wird, dann hat die Entwicklung dieses Medikaments Millionen gekostet. Selbst einige der von Ärzten verschriebenen Medikamente haben sich als schädlich herausgestellt. Der Konsum von Ecstasy ist ein Experiment in einem kaum erforschten Bereich. Niemand kann derzeit sagen, welche Langzeitrisiken man eingeht, wenn man es verwendet.

Wenn du Ecstasy konsumierst, dann versuche Dich während der Woche fit zu halten und Dich gesund zu ernähren. Es ist empfehlenswert, mindestens drei Stunden vor dem Gebrauch von Ecstasy eine gute Mahlzeit einzunehmen. Alles, was Du weniger als eine Stunde vorher ißt, erbrichst du womöglich. Du wirst die Energie brauchen, ganz besonders dann, wenn du ganze Nacht in einem Club verbringst.

Menschen mit einer psychiatrischen Krankengeschichte sollten Ecstasy vermeiden. Schwangere Frauen sollten niemals stimulierende Drogen wie Ecstasy verwenden. Die Einnahme von Ecstasy in einer heißen Disco mit lauter Musik und Stroboskop-Licht ist eine perfekte Methode, einen epileptischen Anfall auszulösen. Epileptiker sollten Ecstasy vermeiden oder zumindest ihren Freunden sagen, was sie im Fall eines Anfalls unternehmen sollen. Diabetiker müssen sehr vorsichtig sein, und daran denken, Ihre Zucker- und Insulineinnahme an die zusätzliche körperliche Aktivität anzupassen, die durch die stimulierenden Drogen gefördert wird. Asthmatiker sollten sich darüber im klaren sein, daß das Einsetzen der Wirkung von Ecstasy im wahrsten Sinne des Wortes atemberaubend sein kann. Viele Asthmatiker haben über außerordentlich schlechte Reaktionen auf den Gebrauch von Ecstasy berichtet.

Macht Ecstasy süchtig?

Ecstasy macht nicht, wie Heroin, körperlich süchtig. Allerdings gibt es, wie immer, wenn einem etwas eine gute Zeit verschafft, die Versuchung, die Erfahrung zu wiederholen. Einige Menschen gebrauchen andere Drogen, um das Herunterkommen von der Ecstasywirkung zu erleichtern. Wenn du nicht vorsichtig bist, dann kannst Du so in regelmäßigen oder dauernden Drogengebrauch abrutschen. Es kann sehr schnell geschehen, daß man sich in einem Lebensstil fängt, in dem sich alles um Drogen dreht. Es ist besser, wenn man Drogen nimmt, die zum eigenen Lebensstil passen, als daß sich das eigene Leben nur noch um Drogen dreht. Versuche, Dir auch Interessen und Freundschaften zu erhalten, die nicht auf Drogen bezogen sind.

Verbessert Ecstasy die Fähigkeit, ein Fahrzeug zu führen?

Ecstasy beeinträchtigt Deine körperliche Koordination nicht auf die gleiche Weise, wie Alkohol das tut. Ecstasy ist eine stimulierende Droge. Sie führt dazu, daß Du Dich aufmerksamer, wacher und voller Selbstvertrauen fühlst. Viele Leute glauben dann, daß ihre Fahrtüchtigkeit verbessert wäre. Tatsächlich jedoch fühlen sich die Leute zu sicher. Sie gehen ein höheres Risiko ein und verursachen mehr Unfälle. Wenn du in eine Disco gehst, dann solltest du vorausplanen, wie Du anschließend nach Hause kommst. Teilt man sich zu viert eine Taxifahrt, dann kann man sich das meist leisten. Doppelt gefährlich ist es, sich von einem Fremden mitnehmen zu lassen. Du weißt nicht, ob er in Ordnung ist, und auch nicht, ob er noch sicher fahren kann. Die sichersten Fahrer sind die, die weder Drogen noch Alkohol konsumiert haben. Fährst Du in einem Auto mit, dann überzeuge Dich vorher davon, ob der Fahrer noch fahrtüchtig ist. Um drei oder vier Uhr morgens, wenn man müde ist, nach Hause zu fahren, ist selbst nüchtern nicht einfach.

Wie kann ich die Risiken des Ecstasy-Konsums verringern?

Wie schon gesagt gibt es keine Garantien, da es immer noch sehr viel gibt, was wir nicht über Ecstasy wissen. Wenn du Dich trotzdem dafür entscheidest, Ecstasy zu verwenden, dann kannst Du einiges tun, um die Risiken zu reduzieren, die wir kennen:

Sei Dir des rechtlichen Status von Ecstasy bewußt.

Laß Dich nicht erwischen. Sei diskret, prahle nicht herum, wenn Du Drogen kaufst oder verwendest. Wenn du versuchst Geld zu sparen, indem Du größere Mengen kaufst, dann riskierst Du eine höhere Strafe.

Halte dich fit.

Kümmere Dich um Deine Gesundheit, iß während der Woche ausreichend und nimm drei Stunden vor dem Gebrauch von Ecstasy eine gute Mahlzeit zu Dir.

Sei bei unbekannten Tabletten und Kapseln vorsichtig

Nimm Dich vor Tabletten in acht, die Du vorher noch nie gesehen hast. Sei besonders bei Kapseln vorsichtig die auseinandergenommen werden können. Sie könnten nahezu alles enthalten. Kaufe bewußtseinsbewegende Substanzen nur von vertrauenswürdigen Leuten, die du kennst.

Nimm nicht zuviel auf einmal

Fang mit einer halben Tablette an, und warte dann eine Stunde. Willst Du mehr nehmen, dann tue das nach und nach. Nimm nicht gleich alles auf einmal.

Trinke nicht noch zusätzlich Alkohol

Alkohol und Ecstasy vertragen sich sowieso nicht gut. Eine Tablette, von der Du nicht genau weißt, was sie enthält, könnte mit Alkohol zusammen zu gefährlichen Reaktionen führen.

Vermeide einen Hitzschlag

Wenn du Ecstasy verwendest und in einem heißen Club oder auf einer Party tanzt, dann ruhe regelmäßig aus (geh in den Chill-Out-Room) und trinke regelmäßig Wasser oder Softdrinks.

Mach Dich mit Deiner Disco vertraut

Bevor Du Drogen nimmst, solltest Du Dir die Zeit nehmen, Deine Disco zu erkunden. Finde heraus, wo die Toiletten und Chill-Out-Rooms sind. Es gibt nichts Schlimmeres, als während einer drogeninduzierten Panik in einer unbekannten Disco herumzurennen.

Führe kein Fahrzeug, während Du unter dem Einfluß von Drogen stehst

Stimulierende Drogen lassen Dich glauben, daß Du ein guter Fahrer bist. Aber sie verbessern die Fahrfähigkeit nicht, sondern lassen Dich nur größere Risiken eingehen.

Sei auf das Einsetzen und Nachlassen der Wirkung vorbereitet

Während die Wirkung einsetzt, solltest Du mit Freunden zusammen sein. Ertrage das Nachlassen der Wirkung. Verwende keine anderen Drogen, um Dir das Herunterkommen zu erleichtern.

Nimm nicht zu viel und nicht zu oft

Wie gesagt, wir wissen nicht alles über Ecstasy. Je mehr Du nimmst, desto höher wird Dein persönliches Risiko. Wenn schon, dann nimm Drogen nur zu besonderen Gelegenheiten.

Grundlage dieses Beitrages war ein Flyer von Lifeline, Manchester. Eindeutschung & Ergänzungen von Bert Marco Schuldes

Alexander Shulgin & Ann Shulgin:
PIHKAL – A CHEMICAL LOVE STORY
978 Seiten, broschiert, DM 50,–

Dieses Buch ist die Autobiographie und gleichzeitig die Dokumentation des Lebenswerkes eines der bemerkenswertesten Menschen und Wissenschaftler des 20. Jahrhunderts. Dr. Alexander Shulgin war während über dreißig Jahren die einzige Person auf der Welt, die rund 200 bisher meist unbekannte chemische Strukturen, Substanzen, die auf den Menschen eine vergleichbare Wirkung haben wie die bewußtseinsverändernden Psychedelika Meskalin, Psilocybin und LSD, synthetisiert und in Selbstversuchen erforscht hat. Während Sasha, wie ihn seine Freunde nennen, an der Westküste der Vereinigten Staaten schon längst den Status eines Volkshelden genießt, gilt er für viele andere als äußerst mutig, tollkühn bis hin zu gemeingefährlich, je nachdem, aus welchem kulturellen oder politischen Lager die Kritik kommt.

Der erste Teil des Buches ist autobiografisch und erzählt die Geschichte des Autors und seiner persönlichen und chemischen Liebesgeschichte mit Alice, seiner ersten, und Ann, seiner zweiten Frau. Der zweite Teil ist fast ausschließlich ein enzyklopädisches Kompendium über Synthesemethoden, Dosierungen, Wirkungsdauer und spezifische sowie vergleichende Kommentare zu 179 verschiedenen chemischen Substanzen.

In vielleicht nicht allzuferner Zukunft, wenn es wieder erlaubt sein wird, den menschlichen Geist mit chemischen Werkzeugen zu erforschen und zu studieren, wird dieses Buch eine einzigartige Fundgrube sein, eine Art Sammlung von Zaubersprüchen für den Psychiater/Schamanen von morgen.

Zu bestellen (zuzüglich 5 DM Porto) bei: Werner Pieper's MedienXperimente, Alte Schmiede, D-69488 Löhrbach (bei PHIKAL kann es zu mehrwöchigen Lieferfristen kommen).

Über die AutorInnen

Dr. Peter Heß, geb. 1945, Arzt für Neurologie und Psychiatrie, schrieb 1973 seine Dissertation über experimentelle Untersuchungen akuter Haschisch-Einwirkungen auf den Menschen; arbeitete 1982–1985 an einem Forschungsprojekt über Halluzinogene vom Typ LSD und Psilocybin; er ist Mitbegründer des Europäischen Collegiums für Bewußtseinsstudien (ECBS) und Vorstandsmitglied der Schweizerischen Ärztegesellschaft für Psycholytische Therapie (SÄPT); er arbeitet heute als Oberarzt an einer psychiatrischen Tagesklinik mit einer Kombination von Psychotherapie und Psychopharmakatherapie; sein spezielles Interesse gilt der Musiktherapie.

Claudia Müller-Ebeling, geb. 1956, studierte Kunstgeschichte, Indologie, Literaturwissenschaft und Völkerkunde. Sie schrieb ihre Magisterarbeit über die Versuchung des Hl. Antonius, studierte auch in Paris und Florenz. Sie unternahm mehrere Forschungsreisen in die Karibik, veröffentlichte Artikel in den Anthologien *Namaste Yeti – Geschichten vom Wilden Mann* (München 1985), *Traumtanz – ein berauschendes Lesebuch* (Reinbek 1986) und *Tänzerinnen zwischen Himmel und Hölle* (Löhrbach 1989). Zusammen mit Christian Rätsch hat sie die Bücher *Isoldens Liebestrank – Aphrodisiaka in Geschichte und Gegenwart* (München 1986) und *Heilpflanzen der Seychellen* (Berlin 1989) geschrieben und das Buch *Rausch und Erkenntnis* (München 1986) herausgegeben.

Dr. Christian Rätsch, geb. 1957, studierte in Hambuerg Altamerikanistik, Ethnologie und Volkskunde. Er unternahm mehrre ausgedehnte Forschungsreisen zu den Maya und Lakandonen in Mexiko und promovierte über deren Ethnomedizin. Er veröffentlichte u. a. die Bücher *Ein Kosmos im Regenwald* (Köln 1984), *Das Erlernen von Zaubersprüchen* (Berlin 1985), *Bilder aus der unsichtbaren Welt* (München 1985), *Chactun Die Götter der Maya* (Köln 1986), *Indianische Heilkräuter* (Köln 1987), *Lexikon der Zauberpflanzen* (Graz 1988), *Pflanzen der Liebe* (Bern 1990); er ist Herausgeber dre Schriftenreihe *Ethnomedizin und Bewußtseinsforschung* und der Festschrift für Dr. Albert Hofmann, *Gateway to Inner Space* (Prism-Unity 1989).

Ronald Rippchen, seit 1967 aktiver Psychedeliker, hat nichts studiert (außer dem Leben) und keinen Titel. Mitbegründer des Heidelberger »Vereins zur Bekämpfung der Rauschgiftgefahr«, betätigte er sich auch als Drogenberater bei Rockfestivals etc. Als Buchautor zeichnet er verantwortlich für Titel (also doch Titel!) über Jonglieren und Frisbee-Spiel, als Co-Herausgeber des Bandes *Tänzerinnen zwischen Himmel und Hölle – Frauen erzählen ihre Rauscherfahrungen* und Ex-Kolumnist der *taz*. Jene Kolumnen sind in dem Band *Heiter Weiter* dokumentiert. Versucht mit Hilfe von Werkzeugen wie Hubschraubern und MDMA (u.a.m. !) seine Welt aus verschiedenen Blickwinkeln zu sehen und irgendwie mit der Common-sense-Realität unter einen Hut zu bringen. Know future.

Nicholas Saunders, Jahrgang 1938, gab 1970 den ersten Stadtführer der neuen Art, das *Alternative London,* heraus. In den 70er und 80er Jahren setzte er in London (Covent Garden) mit dem *Neals Yard* eine alternative Geschäftsidee in die erfolgreiche Praxis um.

MDMA veränderte sein Leben, und seit 1992 beschäftigt er sich vorrangig mit der Medienarbeit für diese Substanz, hat zwei Bücher darüber geschrieben, die auch in deutscher Sprache erschienen sind.

Ann Shulgin ist Mutter von vier und Großmutter von vier Kindern und ist mit dem berühmten Chemiker und Psychopharmakologen Dr. Alexander T. Shulgin verheiratet. Mit ihm zusammen schrieb sie das Buch *PIHKAL*. Gegenwärtig vervollständigen sie ein zweites Buch, *TIHKAL*. Beide Bücher handeln von psychedelischen Drogen und ihren Wirkungen auf den Menschen.

Diol.-Psych. Constanze Weigle, geb. 1965, studierte in Tübingen Psychologie und schrieb ihre Diplomarbeit über das Suchtpotential des Entaktogens MDMA. Sie ist Mitglied im Europäischen Collegium für Bewußtseinsstudien und arbeitet als Psychotherapeutin in eigener Praxis bei Stuttgart. Während verschiedener Reisen durch die USA, Mexiko und Hawaii hatte sie Gelegenheit, die schamanische Heilkunst näher kennenzulernen.

Literaturverzeichnis

Adamson, Sophia: Through the Gateway of the Heart. San Francisco, CA: Four Tree Publications, 1985.

Adamson, Sophia & Metzner, Ralph: The Nature of the MDMA Experience and its Role in Healing, Psychotherapy and Spiritual Practice. In: ReVISION, Vol. 10, No. 4, S. 59-72, 1988.

Bakalar, J. B. & Grinspoon, L.: Drug Control in a Free Society. Cambridge: Cambridge University Press, 1984.

Beardsley, P. M.; Balster, R. L. & Harris, L. S.: Self-Administration of Methylendioxymethamphetamin (MDMA) by Rhesus Monkeys. In: Drug and Alcohol Dependence, 18, S. 149-157, 1986.

Beck, Jerome: MDMA: The Popularization and Resultant Implications of a Recently Controlled Psychoaktive Substance. In: Contemporary Drug Problems, S. 23-63, 1986.

Beck, Jerome & Morgan, Patricia: Designer Drug Confusion: A Focus on MDMA. In: Journal of Drug Education, Vol. 16, No. 3, S. 287-302, 1986.

Benz, Ernst: Halluzinogen-Unterstützte Psychotherapie. Dissertation der Medizinischen Fakultät der Universität Zürich. Zürich, 1989.

Downing, Joseph: The Psychological and Physiological Effects of MDMA on Normal Volunteers. In: Journal of Psychoactive Drugs, Vol. 18, No. 4, S. 335-340, 1986.

Eisner, Bruce: Extasy: The MDMA Story. Berkeley: Ronin Publishing, Inc., 1989.

Feuerlein, Wilhelm: Alkoholismus, Mißbrauch und Abhängigkeit. Stuttgart: Thieme, 3. Auflage 1984.

Greer, George: MDMA: A New Psychotropic Compound and its Effects in Humans. Copyright by George Greer, 1983.

Höhle, Siegfried; Müller-Ebeling, C.; Rätsch, C. & Urchs, O.: Rausch und Erkenntnis. München: Knaur, 1986.

Kovar, Karl-Artur; Rösch, C.; Rupp, A. & Hermle, L.: Synthetische Suchtstoffe der 2. Generation (sog. Designer Drugs) in: Pharmazie in unserer Zeit. Weinheim: VGH Verlagsgesellschaft mbH, Nr. 3, S. 99-107, 1990.

Lamb, R. J. & Griffiths, R. R.: Self-Injection of d, 1-3,4-Methylendioxymethamphetamin (MDMA) in the Baboon. In: Psychopharmacology, Vol. 91, S. 268-272, 1987.

Leuner, Hans-Karl: Halluzinogene. Bern, Stuttgart, Wien: Huber, 1981.

Nichols, David E.: Differences between the mechanism of Action of MDMA, MBDB, and the Classic Hallucinogens. Indentification of a New Class: Entaktogens. In: Journal of Psychoactive Drugs, Vol. 18, No. 4, S. 305-313, 1986.

Rätsch, Christian: Lexikon der Zauberpflanzen. Graz, Österreich: ADEVA, 1988.

Remann, Micky: Im Garten der Zauberpflanzen. In: esotera. Freiburg: Bauer, Nr. 9, S. 23-28, 1989.

Riedlinger, June E.: The Sheduling of MDMA: A Pharmacist's Perspective. In: Journal of Psychoactive Drugs, Vol. 17, No. 3, S. 167-171, 1985.

Schultes, Richard Evans & Hofmann, Albert: Pflanzen der Götter. Bern, Stuttgart, Hallwag, 1987 (2. Auflage).

Seymour, Richard B.: MDMA. Haight Ashbury Publications, 1986 (dt. Übersetzung 1987).

Shulgin, Alexander T.: The Background and Chemistry of MDMA. In: The Journal of Psychoactive Drugs, Vol. 18, No. 4, S. 291-304, 1986.

Siegel, Ronald K.: MDMA Nonmedical Use and Intoxications. In: Journal of Psychoactive Drugs, Vol. 18, No. 4, S. 349-354, 1986.

Stafford, Peter: Psychedelics Encyclopedia. Los Angeles, CA: Tarcher; Boston, MA: Houghton & Mifflin, 1983 (2nd ed.).

Weil, Andrew: Das erweiterte Bewußtsein. Stuttgart: Deutsche Verlags-Anstalt, 1974.

Widmer, Samuel: Ins Herz der Dinge lauschen. Vom Erwachen der Liebe, 1989. Nachtschatten Verlag, Solothurn.

Zinberg, Norman E. & Harding, Wayne M. (ed.): Control Over Intoxicant Use. New York, London: Human Science Press, 1982.

Literatur zu »Kreisrituale mit Peyote oder MDMA«:

Abel, Friedrich: Nur der Adler sprach zu mir. Bern, München, Wien: Scherz, 1983.

Adamson, Sophia: Through the Gateway of the Heart. San Francisco: Four Tree Publications, 1985.

Gerber, Peter: Die Peyote-Religion. Zürich: Museum für Völkerkunde, 1980.

Höhle, Sigi usw.: Rausch und Erkenntnis. München: Knaur, 1986.

Jones, Prudence & Matthews, Caitlín (Hg.): Voices from the Circle: The Heritage of Western Paganism. Wellingborough: The Aquarian Press, 1990.

Lurker, Manfred: Der Kreis als Symbol. Tübingen, Wunderlich, 1981.

Rätsch, Christian (Hg.): Gateway to Inner Space. Bridport: Prism Unity, 1989.

WHAT IS MAPS?

The Multidisciplinary Association for Psychedelic Studies (MAPS) is a nonprofit organization devoted to assisting researchers design, fund and conduct psychedelic drug research. It is the belief of MAPS that psychedelic research will provide great insights into the brain's basic physiological mechanisms and help psychiatrists to better understand the workings of the human psyche. Founded in 1986, the organization's several hundred members have raised over $300,000 in an effort to gain governmental approval for scientists to conduct psychedelic studies on human subjects.

Through its newsletter, MAPS also serves as a worldwide psychedelic information center reporting on the scientific risks and benefits of research involving such hallucinogens as MDMA (Ecstasy), LSD, 2-CB and Ibogaine. The newsletter is an attempt to facilitate discussion and contribute to the world's understanding of the nature and value of psychedelic experiences. With the continued contributions of its members MAPS hopes that psychedelic drugs might be successfully integrated into our culture and regulated by our laws.

MAPS has focused primarily on MDMA and has achieved its largest success by playing an essential role in the Food and Drug Administration's July 1992 decision to approve its use. Based on the research protocol of Dr. Charles Grof, which MAPS helped to develop, the FDA and the National Institute on Drug Abuse reached a consensus that the significant scientific benefits to be gained by administering MDMA outweighed the estimated risks. Now for the first time since MDMA was classified as a controlled substance in 1985, it is possible for psychiatrists working with MAPS to administer it to research subjects.

To join MAPS and receive their newsletter, send $30 (tax-deductible) to:

MAPS
1801 Tippah Avenue
Charlotte, NC 28205
Phone (704) 358-9830
FAX (704) 358-1650
Rick Doblin,
MAPS President

e-mail: udopea@t-online.de
LIEBE RAUCHER,
MÖCHTET IHR GUT BERATEN SEIN, WOLLT IHR QUALITÄT, EINFACH ETWAS BESONDERES, EINE SCHNELLE LIEFERUNG OHNE ÄRGER ...DANN SIND WIR DER BESTE ANSPRECHPARTNER FÜR EUCH, DENN WIR ENGAGIEREN UNS FÜR UNSERE KUNDEN UND WIR LIEFERN PROMPT
- DARIN SIND WIR EINMALIG!
UDOPEA BELIEFERT SEIT ÜBER 16 JAHREN INTERESSIERTE RAUCHER MIT CA. 1.000 AUSGEFALLENEN ARTIKELN FÜR DEN BESONDEREN GESCHMACK.
DISKRET UND GUT VERPACKT ERREICHEN EUCH, PER POST, ALLE PSYCHEDELIKATESSEN EIN PAAR TAGE NACH DER BESTELLUNG.
INTERESSIERT?
KOSTENLOSEN FARBKATALOG ANFÖRDERN!
gebührenfrei bestellen: 0130 / 852 321
UDOPEA
Versand-Head Shop
Abt.: M 13
Funkschneise 16
28309 Bremen
FON 0421 / 41 79 80
FAX 0421 / 45 11 10
Besucht unsere Franchise-Filialen und laßt Euch von der Einkaufswelt bei UDOPEA faszinieren!
UDOPEA Head Shop, Am Dobben 74, 28203 Bremen
UDOPEA Head Shop, Knochenhauerstr. 27, 28195 Bremen
UDOPEA Head Shop, Ottenser Hauptstraße 10, 22765 Hamburg
UDOPEA Head Shop, Karl-Marx-Str. 59, 54290 Trier
UDOPEA Head Shop, Karrenführerstr. 1-3 (Eingang Stobenstraße), 38100 Braunschweig

RONALD RIPPCHEN HRSG.

ZauberPilze

DER GRÜNE ZWEIG 155

Hier findet man alles über:

- Kulturgeschichte • Botanik • Chemie
- Beschreibung der einzelnen Arten
- Speisepilzkultivierung • Ernte, Dosierung, Einnahme
- Erfahrungsberichte aus Forschung und Freizeit
- mehr zum Pilz in Religion, Literatur, Film, Comix, UnRecht & im kollektiven Unbewußten.

Zu den AutorInnen gehören: Dr. Albert Hofmann, Christian Rätsch, Terence McKenna, Tim Leary, Jochen Gartz, Maria Sabina, Herrmann von Leistenfels, Lewis Carroll, Valentina Wasson, Ann Shulgin, Uschlä, Micky Remann, Werner Pieper, Rüdiger Böhm und Martin Haseneier.

Über 100 Abbildungen! Außerdem weiterführende Literaturangaben und Bezugsquellen. 240 Seiten, natürlich auf Hanfpapier.
ISBN 3-925817-55-7, 30 DM

HAI & RIPPCHEN

Hanf Hand Buch

DER GRÜNE ZWEIG 173

"Das deutsche Standardwerk über die Rauschdroge Hanf."
Mathias Bröckers

Alles über die "illegale Wunderpflanze, die den Planeten begrünt, die Luft verbessert, den Treibhauseffekt stoppt und die Wälder schont." *AZ, April 1994*

- Botanik, Chemie, Anbau, Ernte
- Globale Erzeugung und Nutzung als Faserpflanze
- Kulturgeschichte des psychoaktiven Hanf
- Einnahme
- Wirkung auf Kopf & Körper
- Erfahrungsberichte
- Hanf in der Medizin
- Mythen
- Hanf im Straßenverkehr
- Urinproben
- Das holländische Modell
- Zur Forschung heute
- Die Entkriminalisierungs- und Legalisierungsdebatte
- Hanf & Musik, z. B. Rembetiko
- Wasserpfeifenforschung
- Kommentar zum Haschisch-Urteil des Bundesverfassungs-Gerichts

Mit Beiträgen von Mathias Bröckers, Dale Gierunger (NORML), René Gorig, Bernd Müllender, Jean Trouillet, Werner Pieper, Stefan Haag, u.v.a.

Durchgehend illustriert.
Natürlich auf Hanfpapier gdruckt.
ISBN 3-925817-73-5, 30 DM

JIM DEKORNE

Psychedelischer Neo-Schamanismus

Die Zucht, Zubereitung und der schamanistische Gebrauch psychoaktiver Pflanzen

EDITION RAUSCHKUNDE

Übersetzt von Bert Marco Schuldes.

Zum erstenmal verbindet ein erfahrener Autor Theorie und Praxis der Erforschung psychedelischer Pflanzen in einem geradezu bewußtseinserweiterndem Buch. Psychonaut DeKorne, auch Herausgeber des Fachmagazins *Entheogene*, erforscht das psychoaktive Pflanzenreich zum einen durch persönliche Experimente, zum anderen mit Hilfe wissenschaftlicher Arbeit. Er führt den Leser durch die Geschichte und das überlieferte Wissen über psychotrope Pflanzen. Der Gärtnermeister DeKorne erklärt, bis hin in liebevolle Details, die Kultivierung vieler dieser Pflanzen und wie man die machtvollen psychoaktiven Alkaloide aus ihnen extrahieren kann. Er versorgt den Leser mit Dosierungsempfehlungen, Erklärung der typischen Reaktionen, der durchschnittlichen Zeitdauer und Intensität des Experiments, warnt vor gefährlichen Substanz-Kombinationen, und klärt über den traditionellen und rituellen Gebrauch auf. Kein Fachbuch des klassischen traditionellen Schamanismus, der allemal nur from-face-to-face praktiziert wird. Eher ein Kursbuch für urbane Forschungsreisende in die inneren Räume.

"... ein wertvoller Beitrag zur neuen Literatur über nicht traditionellen Schamanismus und die psychoaktive Ethnobotanik." *Terence McKenna –*

224 Seiten, ISBN 3-930442-16-7, 30 DM

CHRISTIAN RÄTSCH

Das Tor zu Inneren Räumen

Eine Festschrift für Albert Hofmann

EDITION RAUSCHKUNDE

Es geht um Heilige Pflanzen und psychedelische Substanzen als Quelle spiritueller Inspiration. Eine Festschrift für den nun 90jährigen Chemiker Albert Hofmann, der nicht nur das LSD entdeckt hat, sondern auch für seine Forschung mit psychoaktiven Pflanzen und die Synthese der aktiven Substanzen von Heilpflanzen mehrfach ausgezeichnet wurde.

Christian Rätsch hat 17 Beiträge über den aktuellen Stand psychologischer, ethnologischer, neurophysiologischer und medizinischer Erkenntnisse zu Wirkung und Einsatz psychedelischer Pflanzen und Substanzen wie LSD, MDMA, Psilocybin, Ketamin, Cannabis, Ayahuasca u. a. vereint. Zu den Autoren dieser Beiträge gehören u. a. Rich Yensen, Stanislav Grof, Claudio Naranjo, Terence McKenna, Claudia Müller-Ebeling und Werner Pieper.

Neuauflage, 288 Seiten,
ISBN 3-930442-10-8, 25 DM

TERENCE MCKENNA

Speisen der Götter

Die Suche nach dem ursprünglichem Baum der Weisheit

EDITION RAUSCHKUNDE

Übersetzt von Gunter Seipel.

Terence McKenna, laut Tim Leary "ein wortgewaltiger und phantasievoller Poet der psychedelischen Erfahrung", offeriert uns mit diesem Buch eine radikale Geschichte von Pflanzen, Drogen und der Entwicklung der Menschheit. Er schaut auf die Geschichte des Drogengebrauchs zurück, vom altertümlichen Gewürzhandel, von Cannabis und Kokain und verfeinerten modernen Substanzen bis hin zum ultimativen Einstöpsel-Beschwichtiger – TeleVision. Er bietet uns einen Masterplan, um zeitgenössische Drogenprobleme zu lösen, untersucht, warum es verboten ist, dem Verlangen nach Glückseligkeit zu folgen, wenn diesem durch Pflanzen aus Gottes Natur nachgeholfen wird. Seine Theorien sind leicht nachvollziehbar, erhellend und grundlegend.

"Die phantasievolle Kompilation von Terence McKenna mag wohl zur weiten Verbreitung schamanistischen Wissens beitragen." *Albert Hofmann*

368 Seiten, auf HanfPapier, Fadenbindung,
ISBN 3-930442-17-5, 40 DM

BERT MARCO SCHULDES

Psychoaktive Pflanzen

DER GRÜNE ZWEIG 164

Überall auf der Erde wachsen Pflanzen, die, geraucht oder gegessen oder sonstwie verabreicht, erstaunliche Wirkungen auf das menschliche Nervensystem haben.

Ein Großteil dieser Pflanzen wird seit altersher von den Menschen, bei denen sie wachsen, zu medizinischen oder schamanistischen Zwecken genutzt und entsprechend verehrt. Manche Pflanzen aus "Gottes Apotheke" sind bei uns illegalisiert; einige werden dadurch für bestimmte Szenen erst reizvoll. Dazu der Autor: "Untergrund-Tips sind gefährlich, teils sogar lebensgefährlich. Dem will ich fundierte Informationen gegenüberstellen, die nicht nur die von manchen erwünschten Wirkungen, sondern auch Nebenwirkungen und Risiken deutlich macht. Wer meint, durch die Unterdrückung von Informationen, oder gar durch dümmliche Slogans ('Keine Macht den Drogen' – und das in dem Land, das mit die meisten Psychopharmaka erzeugt) mit Drogenproblemen fertig werden zu können, dem fehlt es an Realismus und Kenntnissen der Zusammenhänge. Ich will niemanden zum Drogengenuß verleiten; aber wenn ich nur die negativen Wirkungen aufzählen würde, dann glauben mir die, die ich durch Information vor Schaden bewahren will, nicht mehr."

6. völlig neu überarbeitete und erweiterte Auflage,
natürlich auf Hanfpapier gedruckt.
128 Seiten, ISBN 3-925817-64-6, 15 DM

JONATHAN OTT

AYAHUASCA ANALOGE

Pangæische Entheogene

EDITION RAUSCHKUNDE

Ayahuasca, das legendäre Ambrosia, ist eine psychoaktive Pflanzenmischung aus dem Regenwald Südamerikas. Jonathan Ott hat sowohl die ethnobotanische, chemische und pharmakologische Fachliteratur studiert, als auch häufig Eigenversuche mit diversen Ayahuasca-Zusamenstellungen durchgeführt.

Ott bezeichnet die Entdeckung unterschiedlicher Ayahuasca-Rezepte verschiedener Gruppen südamerikanischer Indios als "eine der anspruchsvollsten pharmakologischen Entdeckungen der Vorzeit".

Er beschreibt in diesem Buch die Herstellung und Wirkung dieses Gebräues, mit dem auch in Deutschland Seminare abgehalten werden. Ein Hauptgewicht legt er dabei auf Pflanzen, die auch bei uns wachsen können.

Vom Autor autorisierte Übersetzung von Bert Marco Schuldes.

Natürlich auf Hanfpapier gedruckt.
160 Seiten, Fadenbindung, ISBN 3-930442-08-6, 23 DM

WERNER PIEPER'S
MEDIENXPERIMENTE
D-69488 LÖHRBACH
Gegen Einsendung von
2 DM PortoAnteil gibt es den
kostenlosen Gesamtkatalog